LE
Bourg de Wasigny

(Ardennes)

Ses Environs — Le Bourg : Notes historiques
L'Église — Le Château — Les Seigneurs

PAR ALBERT BAUDON

Membre de l'Académie Nationale de Reims

AVEC LA COLLABORATION DE :

ARMAND PICARD
Lauréat de l'Académie de Reims

HONORÉ DUVAL
Brigadier forestier à Montmédy

REIMS

MATOT-BRAINE, IMPRIMEUR-LIBRAIRE-ÉDITEUR

Henri MATOT (I ✿), Fils et Successeur

6, RUE DU CADRAN-SAINT-PIERRE, 6

—

1914

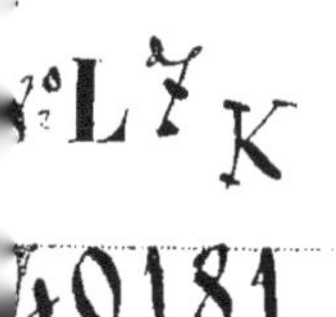

LE
Bourg de Wasigny

(Ardennes)

Ses Environs — Le Bourg : Notes historiques
L'Église — Le Château — Les Seigneurs

PAR ALBERT BAUDON
Membre de l'Académie Nationale de Reims

AVEC LA COLLABORATION DE :

ARMAND PICARD
Lauréat de l'Académie de Reims

HONORÉ DUVAL
Brigadier forestier à Montmédy

REIMS
MATOT-BRAINE, IMPRIMEUR-LIBRAIRE-ÉDITEUR
Henri MATOT (I ✪), Fils et Successeur
6, RUE DU CADRAN-SAINT-PIERRE, 6
—
1914

Extrait de l'*Almanach-Annuaire Matot-Braine*

Année 1914

CHATEAU DE WASIGNY

Cliché Boudsocq, phot. amateur.

LE

BOURG DE WASIGNY

I. — Wasigny, centre d'excursions ; Ses environs

Le pittoresque et agréable bourg de Wasigny, déjà station de la ligne d'Amagne-Lucquy à Hirson, est devenu depuis l'ouverture des lignes Wasigny-Signy-l'Abbaye-Mézières et Wasigny-Renneville-Berlize, le double point de départ de très séduisantes excursions dans les vallées de la Vaux et de la Malacquise.

Nombreux sont les sites, trop peu connus, à notre avis, qui encadrent et embellissent les villages de La Neuville et de Lalobbe, derrière lesquels sont tapis jusqu'aux abords de la Forêt de Signy, les hameaux et les censes du Laid-Trou, de la Sauge-aux-Bois, du Norguémont, de Faurigault, etc. Non moins ravissants sont les paysages entrevus dans le parcours de Wasigny à Renneville qui ouvre de nouveaux horizons sur une campagne accidentée et dont le point de mire est la butte de Chaumont.

Nous allons parcourir en mettant à profit les nouvelles voies ferrées, ces riantes contrées, où chacun trouvera, qu'il soit archéologue, ou simplement amateur de beaux sites, de quoi satisfaire ses goûts de prédilection.

1° *De Wasigny à Signy-l'Abbaye* (1)

La Neuville-les-Wasigny (7 kil.). — 314 habitants. — Sur la Vaux. Dans un beau site. Vue superbe, soit que l'on domine le village de la route allant à Draize, soit du coteau (147 m. d'altitude), vers Grandchamps. A cet endroit se trouve le cimetière où s'élevait l'ancienne église. Le

(1) Nous limiterons notre itinéraire à cette localité, sans poursuivre jusqu'à Mézières, voulant seulement parler des excursions les plus proches que l'on peut faire pédestrement et sans fatigue. Libre au touriste de franchir notre but.

nouvel édifice, reconstruit au centre de la paroisse, date de 1775. Au cimetière, tombe d'une abbesse de Fontevrault, Jeanne-Antoinette de Maubeuge (1753-1839), d'une ancienne famille seigneuriale du lieu. La Neuville fut autrefois une localité très florissante de la filature (1). Il possède aujourd'hui d'importants établissements de ferronnerie.

Lalobbe (9 kil.). — Environné de hauteurs boisées, dans une belle situation, l'une des plus pittoresques de la vallée de la Vaux. Lalobbe (539 habitants), est renommé par son cidre. — Restes d'un ancien château offrant encore d'épaisses murailles et une entrée défensive, privée de sa herse, mais dont on distingue les traces. On voit encore la base d'une tourelle à l'angle sud, elle fut démolie à la Révolution. Taque armoriée. Eglise. Dans la sacristie, panneaux en bois sculptés du XVIe siècle, offrant le portrait d'un personnage dans un médaillon et les armes de France.

Cliché Wilmet, phot., Rethel.

VUE DE SIGNY-L'ABBAYE

Signy-l'Abbaye (12 kil.), chef-lieu de canton (2.263 hab.). — Charmant bourg arrosé par la Vaux. Eglise moderne,

(1) La Neuville-les-Wasigny est le berceau des établissements manufacturiers fondés par M. Jacques-Joseph Harmel, à qui l'on doit également les usines d'Angecourt, de Boulzicourt (Ardennes) et du Val-des-Bois, près Reims, où ses descendants poursuivent une œuvre digne et émulatrice. A La Neuville-les-Wasigny s'est perpétuée une autre famille d'honorables industriels, celle des Tranchart, alliée aux Harmel et dont les membres ont rendu d'inappréciables services au pays.

construite en style gothique (1900), œuvre de M. Ed. Lamy, architecte à Reims. Cloche de 1541 (1). Ancienne croix monolithe dite des Convers, restaurée sous l'abbé d'Harcourt (1728). Sur la place publique, maison priorale de l'abbaye (aujourd'hui habitation de M. Léon Monjeot), et rétablie, après la Révolution, à l'alignement de la place. Elle présente une belle façade Louis XV. Beau panorama de la route de Rethel et vue agréable sur le Gibergeon. Curiosité : la Fosse-au-Mortier, située à 2 kilom. N.-E. de la ville, sur un coteau de 246 mètres d'altitude (2).

Forêts de Signy, domaine de l'Etat.

2° *De Wasigny à Renneville*

En dehors de cet itinéraire, nous inviterons le touriste à visiter le château de Mesmont situé à quelques kilomètres. Cette belle résidence seigneuriale, jadis domaine de l'ancienne famille de Romance, est aujourd'hui propriété de M. Ternaux-Compans, qui entretient avec soin les élégantes constructions Louis XIII, leurs dépendances et le magnifique parc qui l'embellissent. De larges fossés remplis d'eau environnent cette demeure historique, reliée au chemin d'accès par un vieux pont de pierre. De même, avant d'entreprendre notre trajet, une promenade vers les bois qui dominent Wasigny, au-dessus du château, et où subsistent de majestueux et vieux hêtres que la cognée a malheureusement déjà atteints, est à signaler (3) ; ainsi qu'une excursion à Bégny, où l'on peut voir l'ancienne allée ombragée égalements de beaux hêtres, qui conduisait autrefois au château, ne peut manquer de charme (4).

(1) Elle est ornée des armoiries de l'abbaye de Signy, de l'abbé Tristand de Bizet et de celles de Jeanne de Villiers dont le nom figure dans l'inscription, et où cette dernière est qualifiée de « dame de Vuasigny ». Cf. Paul Laurent, *Souvenirs de l'Abbaye de Signy*, 1899, p. 9. — Nous renvoyons à cet intéressant travail pour tout ce qui concerne les vestiges archéologiques et historiques de l'abbaye.

(2) Sur cette curiosité, lire un article de M. Paul Laurent, dans l'*Almanach Matot-Braine*, 1892, p. 166.

(3) Voir *Quelques vieux arbres de la contrée* (Marne, Aisne, Ardennes), par H. Jadart, Reims, *Matot-Braine*, 1900, in-8, pages 55, 71, avec note supplémentaire de M. le docteur G. Railliet.

(4) De l'ancien château de Bégny, bien plus important que celui de Wasigny, il ne reste que les communs transformés en ferme. On y voit une vaste salle, appelée l'*Audience*, avec tribune et arceaux. (Communication de M. H. Jadart).

Cliché Wilmet, phot., Rethel.

CHATEAU DE MESMONT

Cliché Mulot, phot.-édit., Reims.

CHATEAU DE DOUMELY

Cliché R. Lefèvre fils, Charleville.

ÉGLISE DE ROCQUIGNY

Cliché Boudsocq, phot. amateur.

CHAUMONT-PORCIEN

Nous n'oublierons pas de noter les légendaires Monts de Sery que l'on aperçoit sous leurs différents aspects, et de tous les points de notre centre d'investigations.

DOUMELY (4 kil. de Wasigny), 242 habitants. — Son château, ayant appartenu en dernier temps, à la famille de Wignacourt, est resté intact avec l'appareil défensif de ses quatre tours en forme de cœur, et l'étage supérieur muni de ses meurtrières. Spécimen rare, dans la région, d'une maison forte de l'époque féodale.

ADON (7 kil.), 144 habitants. — Eglise moderne (1876), construite par M. Thiérot, architecte rémois, grâce au legs de M. Pierre-Charles Jadart, décédé à Adon en 1860.

CHAUMONT-PORCIEN (10 kil.), 854 habitants. — Dans une situation pittoresque. Le bourg est dominé par la butte où s'élevait la forteresse du moyen âge et où s'érige aujourd'hui une chapelle dédiée à saint Berthaud, due aux libéralités de M. Fressencourt. Eglise moderne (1) ; curieux fonts baptismaux de l'époque romane. Tableaux des peintres Wilbaut, de Château-Porcien. Halle en bois.

Après Chaumont, très belle vue, du chemin de fer, sur la droite, horizon étendu, terrain accidenté.

ROCQUIGNY (15 kil.), 888 habitants. — Eglise en grande partie récemment reconstruite. Portail fortifié avec tours à poivrières. Beau panorama du village que le chemin de fer contourne. Vaste place publique. Château Louis XIII. Sur le terroir de Rocquigny existait le prieuré de Gérigny, de l'ordre de Prémontré (2).

MONTMEILLANT et le MONUMENT DU MERBION. — De Rocquigny (6 kilom.), le touriste peut tenter un pèlerinage en ce lieu, au monument élevé à la mémoire du général Pierre Jadart du Merbion, œuvre de belle et noble simplicité due à M. Alph. Colle, statuaire carolopolitain, et à M.

(1) Sur l'abbaye de Chaumont-Porcien, cf. les ouvrages de MM. l'abbé A. LANNOIS, le P. Ch. CLAIR et M. H. JADART qui a donné d'intéressants renseignements sur le monastère et le bourg (tirage à part de la *Revue historique ardennaise*), ainsi que la notice de M. Jules CARLIER, *Cloches du canton de Chaumont-Porcien*, en cours de publication dans les *Annales Rethéloises* (1913).

(2) Cf. pour son histoire, la notice publiée par M. l'abbé J.-B.-E. CARRÉ, 1885, in-8, (plan et pièces justificatives).

MONUMENT élevé au Général Du MERBION

Cachet du Général Du Merbion

Le Village de Montmeillant

Maison natale de Du Merbion

Fac-simile de la Signature de Du Merbion

Clichés G. Boudsocq et Ch. Merlin, phot. amat.

E. Racine, architecte. Nous l'engageons volontiers à se détourner quelque peu de son itinéraire, toujours facile à poursuivre, les excursions de ce côté étant fécondes en découvertes et en souvenirs. L'œuvre s'encadre parfaitement dans le site agreste des forêts de la Thiérache, à proximité desquelles le futur héros des armées de la République vit le jour. C'est à Montmeillant qu'il mourut le 25 février 1797 et c'est là que reposent ses cendres sous une dalle de marbre noir, au chevet de l'église paroissiale (1).

La Hardoye (16 kil.), 231 habitants. — Eglise sans intérêt, renfermant toutefois une cuve baptismale de l'époque romane, ornée sur chaque face, de feuillages variés, grappes de raisins, etc. Au retable du maître-autel bonne peinture du Baptême de N.-S., attribuée à l'un des Wibault.

Rubigny-Wadimont (18 kil.), 177 habitants. — Eglise du XVIe siècle, dans un état de délabrement complet (visite du 20 juillet 1910), Beau site boisé ; Wadimont, sur la hauteur, à 1 kilom. (166 habitants), la *Maison-Rouge*, ancien château, aujourd'hui en ruine (2).

Fraillicourt (21 kil.), 480 habitants. — Sur la Malacquise. — Eglise fortifiée, très intéressante à étudier dans ses différentes parties à l'extérieur notamment, le portail, le transept et l'abside (3).

Renneville (25 kil.), 392 habitants. — Beau et ancien village situé sur la Malacquise et dont le principal intérêt. au point de vue monumental, réside dans son église fortifiée des XIIIe, XVe et XVIIe siècle. L'édifice a été minutieusement décrit (4).

(1) Voir l'*Almanach Matot-Braine*, 1909, p. 363.

(2) On en trouve une vue dans la *Géographie des Ardennes*, par A. Meyrac, 1900, p. 391.

(3) « On remarque encore, dit Jean Hubert, des traces de boulets aux murs extérieurs ». *Statistique monumentale du diocèse de Reims*, dans *Travaux de l'Académie*, 1885, t. XVIII, p. 82. — En lire une fidèle description dans les *Cloches du canton de Chaumont-Porcien*, par J. Carlier. Rethel, Huet, 1913.

(4) *Le village et l'église de Renneville* (*Ardennes*), par H. Jadart, 1901, in-8, avec vues,

II. — Le Bourg

Ses relations avec l'Abbaye de Signy. — Extraits des anciens Registres paroissiaux. — Notes historiques.

Wasigny (738 hab.), est bâti sur les flancs d'une colline et ses maisons, dont quelques-unes ont conservé leur ancien aspect, s'échelonnent jusqu'au fond du vallon qu'arrose la rivière de Vaux. De la gare, un kilomètre nous sépare de la localité que nous atteignons bientôt laissant sur notre gauche le nouveau cimetière. Le passage à niveau franchi, nous arrivons après quelque cent mètres, en face de la Halle, vieille charpente en bois, datée de 1741. Non loin est l'église. Le monument n'offre à l'extérieur aucun trait caractéristique qui puisse attirer l'attention. L'intérieur, toutefois, a conservé ses nefs larges et bien voûtées du XVIe siècle, soutenues par de puissants piliers, et où l'on retrouve l'empreinte de l'époque de transition. Par la rue basse, et après avoir traversé la Vaux, nous nous dirigeons vers le château dont le dôme surmontant la large voussure d'entrée, la tourelle à poivrière et le haut pavillon, dénotent la pure construction Louis XIII. Nous y reviendrons plus tard, sans autres choses à noter, pour le moment, sur notre passage. Qu'il nous soit cependant permis, de dire un mot des annales de notre vieille bourgade.

Sans approfondir son histoire (1), nous remonterons seulement aux textes que le moyen âge nous a laissés.

L'abbaye Notre-Dame de Signy, de l'ordre de Citeaux, avait été fondée en 1135 avec le concours de riches et puissants personnages, les comtes de Ribemont, de Château-Porcien, de Rozoy et le seigneur du Thour. Dès lors, notre

(1) Grâce aux fouilles pratiquées sous la direction de M. Collaye, de Signy, on peut fixer dans la région de Wasigny, sinon à Wasigny même, une station gauloise et des traces de l'occupation romaine. Près du bourg et dans le rayon de moins d'un kilomètre de la gare, il a été trouvé récemment un coup de poing acheuléen en silex, une hache taillée, une petite pointe à main taillée en feuille de saule, plusieurs grattoirs, lames et éclats divers. En outre, un bec d'âne, un éclat moustérien, avec encoche d'un côté, un couteau de forme magdalénienne, encore une hache grossièrement taillée, et des silex avec encoches, affectés au lissage des branches et au moulage des os, complètent la collection de l'âge de pierre. Enfin, à 3 kilomètres de Wasigny, dans les bois de la Tounelle, une élévation semble être un ancien tumulus, près duquel on a mis à jour un fragment de mosaïque.

bourgade se trouve fréquemment citée dans les actes du Cartulaire de l'abbaye (1). Des chartes la mentionnent : en 1172, relativement au différend survenu, à propos de redevance en froment, sur l'autel dudit lieu, ceux de Chappes et d'Herbigny ; en 1212, à la donation que fait à l'abbaye Roger de Rozoy, du moulin de Doumely, de dîmes à Wasigny, de rentes en froment audit lieu, de vignes à Chappes et des aisances de Froidmont. En juillet 1225, l'abbaye acquiert la dîme de Wasigny de Milon de La Neuville et de Guy de Rozoy, chanoine, son frère, et en juin 1250, Odoard sus-nommé *li Frans*, et Odierne, son épouse lui font une vente de terrages sis audit terroir ; la vente est reconnue par Gobert, écuyer, fils d'Odoard, chevalier de Bray, et frère « d'Odoard-li Frans ». Nous voyons encore en décembre 1249 et juin 1250, des actes mentionnant l'acquisition de cens et de rentes à Wasigny ; de rentes de blé, de tènements, bois, terres et prés, de moulins et viviers aux mêmes lieux (1319). Les bienfaits des particuliers contribuaient aussi à agrandir le domaine des moines ou à stimuler leur zèle. Par testament, Ponce, veuve de Jean Le Selier, de Wasigny, lègue à l'église Sainte-Marie de Signy, quatre livres de cire à perpétuité, pour le luminaire placé devant le grand autel, plus la moitié d'une grange à Wasigny. Notre paroisse est également citée sous la cote H. 224, relativement à des donations ou des déclarations d'héritages. Une de ces pièces (avril 1244), porte acquisition d'une terre à Wasigny, vendue par Robert, chevalier, fils de Guy de La Neuville, chevalier, « Therricus » et Geoffroy, frères, moyennant vingt-cinq livres parisis et vingt-trois septiers de blé, ladite vente faite en présence de Martin, garde du sceau de la Cour de Reims, et certifiée par maître Michel de Saint-Denis, chanoine et official de l'église de Reims.

Wasigny figure dans un Rôle des villes de la Sergenterie de Porcien, dont la rédaction peut être placée entre 1295 et 1306 : « *Wasignis. Dominus : Dominus comes de Ligre(n)gres et dominus Albericus de Sourbon. Foci* VI^{xx} » soit 120 feux (2).

(1) *Archives départ. des Ardennes.*

(2) *Arch. nat.*, J. 768. Pièce publiée dans l'*Essai de Rozoy-sur-Serre*, par MARTIN, reproduite par M. H. JADART dans la *Population de l'arrondissement de Rethel*, et enfin étudiée à nouveau et donnée dans son entier, tout récemment par M. P. COLLINET, dans la *Revue d'Ardenne et d'Argonne.*

L'abbaye de Cuissy (1) avait une ferme sur notre territoire, on en possède une déclaration d'arpentage du 21 janvier 1533.

Plus récents sont les actes conservés dans le portefeuille H. 228, sous les années 1636-1637. Nous ne signalerons que le compte présenté par Jean Robin, ci-devant fermier général du revenu temporel de l'abbaye de Signy, qui évalue la ferme des grosses et menues dîmes de Wasigny à 640 livres. D'autres déclarations de terres et prés appartenant à la cure existent H. 236 (années 1623-1741) ; enfin signalons la liasse H. 237 (années 1615-1724) où il est question de la chapelle Saint-Nicaise appartenant à l'abbaye de Signy. Le 2 mars 1615, le chapelain Ponce Bocqueau baillait les biens de ladite chapelle à Millet-Doyen, laboureur, moyennant soixante livres par an. Nous venons de résumer brièvement les principaux actes du Cartulaire de l'abbaye de Signy, relatifs à notre localité, estimant qu'il y aurait intérêt à les étudier à fond pour en tirer le profit désirable au point de vue de l'histoire locale. Nous laissons ce soin à ceux que leurs étroites relations rattachent à ce coin du pays ardennais.

Wasigny eut certainement à subir le contre-coup des invasions ennemies et des querelles intestines, pendant les troubles de la Ligue et de la Fronde (2). Entre ces deux époques, si néfastes pour nos régions, nous avons cependant à noter la prise du château par le duc de Guise en 1617 (3 avril), fait qui suivit le siège de Château-Porcien et qui précéda celui de Rethel, villes alors rebelles au roi. Il est vrai que nous avons déjà signalé à Wasigny le passage de gens d'armes en 1525 et 1543, d'après des sources très sûres (3), mais les dépôts publics pourront apporter dans la suite d'autres détails, inconnus de nous jusqu'ici, et qui éclaireront le passé de nos villages, trop souvent sujets au joug de leurs seigneurs.

(1) Abbaye de Prémontré, située à 1 kil. de Beaurieux (Aisne), fondée en 1116, par le sire de Roucy. Elle subsista jusqu'à la Révolution.

(2) Les *Notices cadastrales de Terwel sur les villages de la frontière de Champagne* en 1657, publiées par M. Roger GRAFFIN, mentionnent que les deux tiers de Wasigny « ont esté bruslé ou démolies par les ennemis ou gens du Roy ». Cf. *Revue historique ardennaise*, 1902, t. IX, p. 166.

(3) Cf. notre publication *Les réquisitions de guerre à Rethel en 1525 et 1543*. Reims, Matot-Braine, 1901, page 30.

Les registres paroissiaux ne remontent qu'à 1668 (1). Nous les avons parcourus hâtivement en 1901 et y avons glané quelques notes intéressantes que nous donnons ci-dessous :

« Ce vingt cinq^{me} aoust mil six cent soixante huict a esté tué Nicolas Doyen, entre minuy et une heure, d'un coup de fusil, suivant le rapport qu'en a faict Simon Clouet, chirurgien, et a esté inhumé en saincte terre le mesme jour, foy de quoy le susd. chirurgien et les plus proches parens ont signés (*sic*) les présentes ». (*Suivent les signatures*).

Au bas d'un acte du 13 décembre 1669, nous lisons la signature de « F. Nicolas Doucet, religieux de Nostre-Dame de Signy et curé de Vuasigny ».

« Ce dernier iour de juin 1670, Messir Jean de Villelongue, escuier, seigneur de Remilly, Vuasigny et d'autres lieu, aagé de trente-huict ans, natif dud. Vuasigny, a pris à femme et espouse damoiselle Louisse de Petré, aagée de trente-deux ans et natifve de Souglan, tous deux jouissans de leurs droits, en foy de quoy ils ont signés les présentes avec leurs proches et amis les jour et an que dessus. Signé: Remilly, Louise Petré, Moreau, Mespas, de Noyville, Charlotte-Thérèse de Caniel (*sic*), Marie de Villelongue, F. N. Doucet, curé de Vuasigny ».

7 janvier 1672. — Mariage entre Messire Gilles-César Pétré (23 ans), natif de Sougland et seigneur de Bobigny, et Marie de Villelongue.

En 1677, signature de F.-A. Jamar, curé de Wasigny.

23 janvier 1684. — Mort de Jeanne La Touche (60 ans), femme de feu Pierre Breton, vivant chirurgien.

1684, 15 février. — Baptême de Jean-Louis, fils de « Mre Marc Colson, escuyer, seigneur d'Espilly et de Charlotte Elisabeth Levesque ». Parrain : Jean de Villelongue, seigneur de Wasigny ; marraine: Louise Pétré.

En 1684, paraît Gérard Breton, chirurgien.

L'année suivante se trouve un acte d'abjuration que nous copions textuellement :

(1) Voici la mention d'en-tête : « Registre des Baptesmes, mariages et sépultures, pour servir en la paroisse de Vuasigny, en l'année mil six cent soixante huit, paraphé et cotté par nous Claude Humbert, seigneur d'Authe, conseiller du Roi, lieutenant général, civil et criminel, commissaire examinateur au Bailliage de Victry, siège et ressort de Saincte Manehould, l'unziesme janvier aud^t an ».

« L'an 1685, le vingt et un novembre, nous soubsigné, doyen de Rethel Mazarin, estant venu au village de Vuasigny, de nostre doyenné, le nommé Isaac Gardien dit Lamotte, cy-devant de la religion prétendue réformée, et fermier de la cense appellée le Mont-Saint-Martin, paroisse de Mesmont, nous a déclaré qu'il renonçait à sad. religion avec Pierre Gardien, son fils âgé d'environ vingt ans, et promis et promettent l'un et l'autre par ces présentes, vouloir vivre et mourir en la foy de l'église catholique, apostolique et romaine, et de croire tous et un chacun des articles énoncez en la profession de foy, insérée à la page 312, 313, 314 et 315 du Rituel de Reims, promettant mesme d'en faire une profession publique avec sa femme et Pierre et Jean Gardien, ses deux autres enfants, quand il nous plairoit leur en marquer le jour, en foy de quoy, ils ont signé avec nous en présence de Mrs Jamar, Plongeron et Philippe, curez dud. Vuasigny, Sorbon et Bretoncourt... » (*Suivent les signatures.*)

Dans un acte de 1687, est inscrit le nom d'un maître chirurgien, Simon Clouet.

Sous la même année nous trouvons la mention, par le curé Jamar, d'un violent orage qui ravagea le bourg :

« Le 18 du mois d'aoust de cette présente année 1687, est arrivée environ les trois heures après midy un orage des plus furieux qu'on ay veu de mémoire d'homme dont les gresilles ont fracassez oultre tous les toicts du Bourgue, celuy de nostre église où il n'estoit pas demeuré une ardoize entière du costé du nord, maime jusqu'aux lattes, et touttes les vittres, en faicte un débordement d'eau qui environnoit le cimetière (1). »

Le 17 avril 1709, mort de Jacques Griffon, notaire royal (57 ans).

1711, 13 juillet. — Mariage entre « Jacques Prieurez, seigneur de Croizet, chevalier de Saint-Louis et capitaine au régiment de la Maistre de camp général cavallerie, et Catherine Levesque de Lisgarde, fille de Jean-Jacques Lesveque, vivant capitaine eng[ne] de cavalerie au régiment de Chartre, et de Catherine Meusnier ».

(1) On peut rapprocher de cette inondation, la trombe d'eau qui s'abattit sur la région de Signy-l'Abbaye le 31 juillet 1910. A Wasigny, la Vaux, au cours si tranquille d'ordinaire, grossit subitement et envahit tout le quartier bas. Signy, Librecy, Lalobbe eurent particulièrement à souffrir.

1712, 14 octobre. — Décès de « Dom Augustin Jamar, prestre, religieux de l'ordre de Citeaux, et profès de l'abbaye de Signy, cy devant curé de Vuasigny », âgé de 80 ans, inhumé dans l'église « du costé de l'Epistre, vis-à-vis la place du M[e] d'escole, par Dom Dusestel, prieur de lad. abbaye de Signy ».

1713. — « F. Clément Barré, curé prieur de Vuasigny. ».

1722, 23 août. — Mort de « Jacques Prioré, sieur du Creuzet et du fief de Mordant, de la paroisse de Vuasigny, chevalier de Saint-Louis, capitaine lieutenant, et pensionnaire de Sa Majesté » (78 ans), inhumé dans l'église.

1724, 27 novembre. — Mariage entre Mre Thomas de Fougère, fils de feu Mre Jacques-Antoine de Fougère et de Louise-Gabrielle de Grafeuil, seigneur et dame d'Aure, et Marie-Anne de Meaux, fille de Mre Marc de Meaux, sous-lieutenant de la grande vénerie du roi, et de Marie-Joseph du Bray, seigneur et dame de Wasigny.

« L'an 1730, le 23 juilliet est mort Marc Demeaux, vivant seigneur de Woisigny, sous-lieutenant de la vénerie du Roy, âgé de 52 ans, que nous avons inhumé dans l'église avec les cérémonies ordinaires le 24 du même mois. » (Signé:) Pelletier.

Notons encore en 1737, le nom de Joseph Movelle, fermier receveur du château et seigneurie de Wasigny.

Et le décès, le 19 janvier 1742, de Dom Ambroise Pelletier (60 ans), prêtre, curé dudit lieu, inhumé dans l'église.

17 février 1756. — Mariage de « noble et illustre seigneur Mre Jacques Charles Ferdinand, baron de Goer, de Herre, de Forest, seigneur de Haltinnes, fils de noble et illustre seigneur Mre Jacques Denis de Herre, baron de Forest et de noble et très illustre dame Henriette Amélie, comtesse de Hoensbrouet, de Gueule, etc., natif de Liège » avec noble et très illustre dam[le] Marie Louise de Saint Mart « chanoinesse Dandreuves, fille de feu noble et illustre seigneur Mre Charles de Saint Mart, baron de Neuville, et dame mad[e] Marie Charlotte de Bétune seigneur et dame de Wasigny », le dit mariage célébré dans la chapelle du château.

Une notable famille, celle des Watellier, encore représentée de nos jours, et qui eut de profondes attaches dans notre bourgade, paraît dans plusieurs actes de l'état-civil.

Voici l'acte de baptême d'un de ses membres les plus dignes (1) :

« L'an 1756, le 12e octobre, je, André Renault, prêtre curé de Vuasigny soussigné, ay baptisé le fils de M. Jean-Baptiste Watellier, notaire royal, (il était également procureur fiscal), et de demoiselle Marie-Simonne Merlin, ses père et mère, mariez ensemble et habitants de cette paroisse auquel on a imposé le nom de Jacques Remacle. Le parein a été Jacques Remacle Merlin, conseiller du Roy et son procureur en l'hôtel de ville de Chateau-portien et y demt, et dlle Marie-Jeanne-Catherine Charpentier, son épouse. »

Nous rencontrons, d'autre part, à la date du 7 février 1777, le nom de Messire Alexandre-Jean-Baptiste Rouillé de Fontaine, maréchal de logis de cavalerie. Ce fut le dernier seigneur de Wasigny.

En parcourant ces registres paroissiaux où bien d'autres notes seraient à relever, nous sommes arrivé à la fin du XVIIIe siècle (2), époque à laquelle un changement complet allait s'opérer dans les plus modestes communes de France.

Wasigny devint, en 1789, le chef-lieu d'un des treize cantons du district de Rethel. L'*Almanach du département des Ardennes pour* 1791, lui donne 230 feux, soit 953 habitants. Le curé était M. Vautrin (3), le maire, M. Watelier ; le procureur de la commune M. Landragin le jeune. M. Watellier fils commandait la garde nationale qui comptait un effectif de 150 hommes (4).

Un autre document qui s'offre déjà comme une pièce

(1) Jacques-Remacle Watellier, décédé à Rethel, le 5 juin 1825. Sa notice biographique sera donnée plus loin.

(2) A signaler également les deux incendies qui éclatèrent, le premier, dans la nuit du 22 au 23 février an VII et le second le 30 novembre 1806. Le premier consuma toute la partie haute du bourg. Des pièces établies aux Archives communales enregistrent ces faits désastreux dont furent victimes plusieurs personnes. On en conserve encore la mémoire.

(3) Philbert Vautrin est l'auteur d'un *Journal personnel*, qu'il tint secrètement pendant les années de la Révolution. On en trouve l'analyse faite sur le manuscrit original à la fin de cette étude. Elle est due aux soins de M. Honoré Duval, de Wasigny, actuellement brigadier forestier sédentaire, à Iré-les-Prés, près Montmédy.

(4) Le canton y compris Wasigny possédait dix municipalités : Bégny, Doumely, Draize, Grandchamp, Herbigny, Justine, Lalobbe, La Neuville et Mesmont.

rétrospective, puisque sa date remonte à un siècle, nous trace un fidèle tableau de notre bourg en 1811 (1), avec détails intéressants sur la nature du sol, le commerce, les marchés, etc.

Voici cette notice puisée dans un recueil devenu rare aujourd'hui :

« Wasigny, l'un des villages du ci-devant Porcien, dont il est à 3 lieues, ne présente pas d'événemens intéressans de ces siècles reculés. A l'abri des incursions par son rapprochement du chef-lieu, il a toujours été et il est encore très commerçant. Ses marchés fournissent tous les grains des pays environnés par la forêt de Signy. Son sol est fertile : mais humide, et l'agriculture a imaginé le moyen de préserver des inconvéniens, dont la nature du sol menaçait, en ouvrant, entre chaque terre, de larges et profonds sillons, qui procurent le double avantage d'essaigner les terres et de prévenir les usurpations, sources si profondes des différens qui s'élèvent dans les campagnes.

« Le bourg est considérable. Il est bâti sur une espèce de triangle irrégulier, entre trois grands vallons, dans la pente d'une colline élevée, sur la petite rivière qui, après avoir reçu celle de Novion, qui lui donne le nom d'Avaux, vient se jetter dans l'Aisne, auprès de Château-Porcien.

« L'avantage de ses marchés lui procure celui d'avoir un très beau commerce, qui s'étend sur les laines, étoffes, toiles, boissons, et ce qui concerne l'épicerie. Il dépend du canton, dont Novion-Porcien, est le chef-lieu, qui l'a emporté sur les fortes raisons qui désignaient Wasigny, par rapport au point central.

« Sa population s'élève à 883 individus. »

Nous sommes arrivé, quant à nous, au terme de ce bref exposé historique, sans vouloir nous étendre sur les faits de l'époque révolutionnaire (2), sur les invasions de 1813-

(1) *Annuaire du Département des Ardennes pour* 1811. A Mézières, de l'Imprimerie de Trécourt, pages 152 153.

(2) Les documents se trouvent à la Justice de paix de Novion-Porcien et comprennent 24 registres et 23 liasses (1790-an IX). D'autre part le Greffe du Tribunal de Rethel possède une liasse de jugements (an IV). Cf. Paul LAURENT. *Les Archives de l'époque révolutionnaire dans le Département des Ardennes,* Revue hist. arden., 1906, nº de mars-avril, p. 125.

Les Archives départementales des Ardennes possèdent (série B),

1814, et de 1870-1871. Le bourg, comme tous les villages, eut à payer, en ces heures douloureuses, son tribut à la patrie et à l'ennemi. D'autre part, si sa population a quelque peu diminué, il s'est vu doter d'un magnifique groupe scolaire et de notables améliorations ont pu, avec le concours des municipalités qui se sont succédé, lui conserver, en même temps que sa physionomie pittoresque, un centre commercial appelé à s'accroître par sa situation au milieu d'un pays fertile et par les voies ferrées qui s'y réunissent. Ainsi se rattache le présent au passé que nous allons étudier en parlant de l'église, du château, des seigneurs et des illustrations auxquelles Wasigny a donné le jour.

III. — L'Eglise

Dans sa *Statistique monumentale du diocèse de Reims* (*Département des Ardennes*), Jean Hubert décrit ainsi cet édifice :

« Eglise de style ogival du XVe siècle. Les fenêtres, le chœur et les transepts doivent être regardés comme les parties importantes du monument.

« Cette église comprend une nef principale à deux travées avec deux bas-côtés. Transepts percés d'une fenêtre à deux meneaux, avec fragments de vitraux peints. Chœur à cinq pans percé de cinq fenêtres ogivales trilobées à un meneau. La voûte du chœur et des transepts est ogivale à nervures anguleuses. La nef était voûtée de la même manière, ainsi que les bas-côtés ; mais les voûtes ayant eu besoin de réparations, on les a remplacées par un simple plafond. Fenêtres ogivales aux bas-côtés ; Piscine dans le transept droit. Contreforts simples. Cette église est régulière et d'un aspect harmonieux. En avant se trouve un porche de construction plus récente, et qui n'offre rien de remarquable. Un des contreforts de gauche et une partie des

quelques liasses judiciaires (XVIIIe s.) ; voir aussi série C., art. 40, 68, 86, 93, 197, 272, 398, 422, 509, 514, 543, 564. — Série E., art. 39, 112, 184, 206, 256, 312, 512, 826, 848, 965, 1097, 1106, 1434. — Série Q., Bureau des Domaines de Wasigny. Art. 2003 et 2004 et Q XL 1-3 (an VII-1807). — Q. 510. Fabrique de Wasigny (an II-an IV). — Série L, art. 233. Correspondance avec le canton de Wasigny (an IV-an VIII). — L. 1354, canton de Wasigny : délibérations (an IV-an VIII). — L. 1355, Id. administration (an V-an VII).

murs de l'abside sont profondément lézardés. Des réparations sont urgentes (1).

L'église présente, en effet, tous les caractères d'un édifice des XVe et XVIe siècles, restauré selon les besoins d'urgence. Ses différentes parties n'appellent pas une description spéciale. Elle était encore entourée, il y a trente-cinq ans, par l'ancien cimetière, clos de fortes murailles de soutènement sur lesquelles s'ouvraient des portes de fer très intéressantes, œuvres d'artisans du pays, et planté d'une belle allée de vieux tilleuls au devant du portail. Le tout disparut en 1878-1879 (2).

Comme dans beaucoup de nos églises, l'ancien mobilier a été renouvelé et c'est ainsi qu'ont disparu, en 1903, de leur place primitive, les fonts baptismaux, date à laquelle on remplaçait les deux autels en bois par des autels en pierre. Heureusement, ces fonts très curieux, de l'époque romane, ont été sauvés de la destruction par un ami de nos antiquités locales, qui en a fait l'ornement de son jardin (3).

A l'intérieur de l'église, aucune inscription, aucune pierre tombale des seigneurs du lieu, aucune épitaphe de curé, ni de bienfaiteurs (4). Un texte très simple mais très

(1) *Travaux de l'Académie de Reims*, 1853, t. XVII, p. 260.

(2) Ce cimetière où de si nombreuses générations d'habitants dormaient leur dernier sommeil, avait été désaffecté en 1855, à la suite du Choléra qui fit assez de victimes à Wasigny. Une épidémie de choléra avait déjà ravagé le bourg en 1832. Un seul vestige survit de cet ancien cimetière, c'est la croix fleurdelysée de l'époque Louis XIII ou Louis XIV, mutilée en 1793, replacée dans le nouveau cimetière, créé en 1832. Déplorons toutefois la disparition des sapins du cimetière actuel plantés en 1855, et qui, malgré leur si belle venue, furent abattus en 1909-1910.

(3) Voici la description qu'a bien voulu nous donner M. Armand Picard : « Ces fonts baptismaux sont en pierre bleu sombre de Givet ou en granit de Belgique, et présentent une très grande analogie avec ceux de l'église de Braux (Ardennes). Cuve ronde partagée à l'extérieur, par quatre têtes d'hommes en relief. Entre ces têtes et formant quatre compartiments, courent au-dessous d'une arcade romane, des feuillages, fleurs et ornements fantaisistes, tous différents dans chaque travée. L'un de ces compartiments diffère en plus des trois autres et représente une sorte de tête de chat couronné. Une ouverture ronde est pratiquée au bas de cette cuve pour l'écoulement des eaux, ce qui laisserait à penser, vu aussi sa largeur, qu'elle servait au baptême par immersion. » (Lettre de M. Armand Picard, du 17 septembre 1913).

(4) Une grande dalle en marbre noir, sans inscription, existait autrefois en avant du chœur. Elle disparut vers 1886 au moment du nouveau pavage de l'église, effectué pendant l'intérim de M. l'abbé Fou-

L'ÉGLISE

curieux en lui-même, gravé sur la muraille de l'abside, nous révèle le nombre des personnes victimes de l'épidémie de la peste si fréquente en notre région au XVIIe siècle (1). Nous le reproduisons ici :

CY EſT LE NONbRE dES MOR
PAR LA CONTAGION · C · ET XV
TANT PETIT qVE gRAND · PRIEZ
POVR EVX ET POR TOVS
TRESPAſſEZ
.... PAR MOY A GALIOT
M dESCOLLE dE WAſIgNY

La piscine signalée par Jean Hubert est restée en place. Elle est de style Renaissance. Dans la division du haut sont sculptées deux sortes de coquilles, légèrement différentes, surmontées d'un palmier en dôme. Dans le bas et dans le fond de la niche sont deux compartiments creusés en ogive. Au bas de la cuvette se trouve une avancée composée de quatre gradins rentrants formant encorbellement, le tout encadré de deux colonnes moulurées, et surmonté d'un fronton. (Description due à M. Armand Picard). — Une autre piscine, plus petite, mais d'un modèle intéressant, se voit près des fonts baptismaux.

La sonnerie paroissiale se compose d'une grosse cloche bénite le 22 novembre 1892, due en grande partie aux largesses de M. Firmin Charbonneaux, de Reims, et sortie des ateliers de Jules Robert, fondeur à Nancy. Voici son inscription :

quet, décédé depuis, et à ce moment curé de La Neuville. Des ossements furent trouvés sous cette dalle tumulaire qui est aujourd'hui dans la cour de M. Torchet, boulanger. (Renseignement donné par M. Arm. Picard).

(1) La peste sévit dans notre région, notamment au XVIIe siècle.

Entre autres mentions, voici celle que nous avons relevée dans les registres paroissiaux de Château-Porcien ; elle est au bas d'un acte du 8 août 1635 : « Depuis ce présent mois d'aoust ont cessé les baptêmes en l'églize pour la grande et furieuse maladie de la contagion qui dure encor en ce présent mois de novembre. Dieu nous en préserve aux autres mois s'il luy plaict, sa volonté soit faicte. » (*Arch. comm. de Château-Porcien*).

✝ L'AN MDCCCXCII JEANNE-ANTOINETTE A ÉTÉ BÉNITE PAR MR FÉLIX COMPANS, VICAIRE GÉNÉRAL, ARCHIDIACRE DE S[T] SIXTE, MR ADOLPHE SCOHYERS ETANT CURÉ DE LA PAROISSE DE WASIGNY

MR ANTOINE-ISIDORE ANTOINE, PARRAIN, M[ELLE] JEANNE-ADÉLAIDE TATON, MARRAINE

Après ce texte, nous devons donner les légendes des timbres de l'horloge, qui restent suspendus dans le campanile de la tour et qui donnent à celle-ci son plus précieux intérêt par leur date et par leur origine. Le timbre pour l'heure porte :

NOVS APPARTENONS A LA COMMVNAVTÉ
DE WASIGNY · 1710

et sous un autre se trouve la mention du fondeur :

FAIT PAR FRANCOIS COCU ·

Une autre petite cloche provenant de Wasigny se trouve actuellement chez M. Bécret, propriétaire aux Fondys, écart de La Romagne. Cette cloche, de 0 m. 90 de diamètre, porte dans le haut :

AVE MARIA GRATIA PLENA

et en bas :

F. METZ. P. LOUIS RICHET, L'AN 1755.

Sa légende fait supposer qu'elle provient de l'église ou de la chapelle du château, d'autant plus qu'en dernier lieu, elle servait pour appeler les ouvriers à la filature de M. de Chézelles, héritier de M. Rouillé de Fontaine, propriétaire du château de Wasigny.

IV. — Le Château. — Les Seigneurs

Le château de Wasigny présente un corps de logis en briques avec chaînes de pierre, encore flanqué d'une tour à l'est. L'appareil défensif était bien plus important autrefois, mais comme la plupart des demeures seigneuriales, il eut à subir le contre-coup de la Révolution (1). L'enceinte a gardé son entrée caractéristique avec porche et dôme et son haut colombier au fond de la cour. Un double escalier conduit au rez-de-chaussée dont l'une des salles porte au plafond cette date : ANNO DO(MIN)I 1722, date d'une restauration et bien postérieure à la construction du château qui a tous les caractères de l'époque Louis XIII. L'intérieur offre aux plafonds quelques moulures Louis XV. La chapelle, où tout au moins le bâtiment qui lui était affecté, ne possède plus rien que d'insignifiants débris de son ancienne décoration, si ce n'est toutefois l'escalier d'accès, en chêne et à fuseaux tournés (2).

Sans remonter plus haut, nous voyons dès le début du XVIe siècle, comme seigneur de Wasigny Jacques de Villiers (3), époux de Jeanne de Créquy, dont une fille Jeanne, mariée à Jean de Pavant, baron de Chaumont, celle-ci, épouse en premières noces, de M. Robert Le Danois, et, en

(1) Par arrêté du 16 juillet 1794, le district de Rethel, ordonnait « que les deux tours et les quatre tourelles du ci-devant château de Wasigny, seront incessamment démolies par le propriétaire dudit château, lequel sera tenu en outre de faire boucher toutes les meurtrières et canardières dont est garnie toute l'enceinte et combler ou mettre à sec le fossé qui sert de deffence du côté opposé à la rivière... » Cf. MARTIN, *Essai sur Rozoy-sur-Serre*, 1863, t. II, p. 652.

(2) « Le corps de la ditte chapelle est de vingt quatre pieds de long sur douze de largeur, propre et décente avec un plafond, fleurons et autres ornemens dans la position des autres églises ou chapelles, le dessous sert de bucher et le comble wide, séparée de tous autres bâtimens profanes; deux grandes croissées, l'une au midy et l'autre au septentrion, au-dessus de laquelle il y a une petite croix qui désigne que le lieu est sacré ; on monte à la chapelle par un grand escalier détaché qui donne dans la cour ; il y a aussi une cloche. » *Archives de Reims*, série G, fonds de l'Archevêché. Visite du 9 juillet 1738. — La chapelle était dédiée à la Sainte-Vierge.

(3) Un *Guillaume, bastard de Villiers*, paraît comme seigneur de Wasigny, en 1459. (*Arch. Nat.*, S. 184).

L'Abbé A. Chevallier del.

LE CHATEAU

deuxièmes noces, de Jean de Pavant, seigneur de Mesmont (1).

En 1505 était seigneur en partie de Wasigny Pierrard Bourle. Il comparaît dans un acte le 12 mars de cette année avec Jacqueline sa femme (2).

Le *Nobiliaire de Champagne* indique également comme seigneur de Wasigny, en 1532, Jean de Pavant, époux de Jacqueline de Tige dont : Jacqueline de Pavant, dame de Wasigny, femme de Antoine de Failly, seigneur de Puiseux, lieutenant de la compagnie d'hommes d'armes du comte de Cerny (3). Le mariage de Claude de Pavant avec Jean de Villelongue porta la seigneurie de Wasigny dans cette famille.

Il serait trop long d'énumérer ici les membres qui la possédèrent, la généalogie de cette maison étant dressée au *Nobiliaire* de Caumartin. Le 10 novembre 1656, eut lieu l'adjudication par décret, à Jean de Villelongue, écuyer, seigneur de Remilly, de parts en ladite seigneurie saisie, sur Martine Robin, veuve de Philippe Bouron, des seigneurs de Chevrières (4) et le 30 janvier 1685, le même Jean de Villelongue acquérait pour le prix de 17.000 livres la part de seigneurie également saisie sur Louise-Claude de Cauret, veuve de Charles-Philippe de Grandmont, chevalier, seigneur de Lerzy, Erlon, etc..

Au siècle suivant, la seigneurie était passée aux de Meaux, mais en 1736, la part qu'ils possédaient fut adjugée par décret du 3 septembre de cette année à Camille-François-Jacques-Philippe-Joseph Galland d'Hérimont.

La famille de Saint-Mart, représentée en 1740 par Charles de Saint-Mart, baron de Neuville, époux de Charlotte de Béthune avait également une portion de la terre de Wasigny ; mais ce bien fut acquis le 15 septembre 1766 par Pierre-Nicolas Caulet d'Hauteville qui s'était rendu précédemment acquéreur d'Hauteville, Bégny, Givron, Doumely, etc.

Nous nous arrêterons pour l'instant, à cette date, dans l'historique des seigneurs de Wasigny priant le lecteur

(1) CAUMARTIN, *Nobiliaire de Champagne.*

(2) *Archives départ. des Ardennes*, H. 205.

(3) CAUMARTIN, Généal. *Pavant.*

(4) Ancien château, aujourd'hui ferme, commune de Chaumont-Porcien.

qui voudra bien nous suivre, de se reporter au travail, très documenté, de M. Armand Picard, publié en *Appendice* (1).

Quelques détails sur les droits seigneuriaux compléteront notre note (2).

Droits Seigneuriaux

La justice haute, moyenne et basse de Wasigny, ressortissait par appel au bailliage de la principauté de Porcien et de là à celui de Sainte-Ménehould.

Au seigneur appartenaient les droits suivants :

Les droits de gruerie, de police et de voirie ; le droit de nommer un maire, le premier des échevins et un sergent pour la garde et la police du village ; ceux de deshérences, attrayères, batardises, épaves, amendes et confiscation ; les droits de bancs dans le chœur de l'église du côté de l'Evangile, de litres en dedans et en dehors de l'édifice paroissial.

De même le seigneur de Wasigny avait le droit de bourgeoisie sur tous les habitants. Il était dû le jour de Noël et consistait en une poule vive et en plumes et six deniers parisis par chaque bourgeois, sous l'amende de 7 sols. Audit jour de Noël, il était également dû par chaque laboureur, tant habitant que forain « pour le fer de leur charrue lorsqu'ils labourent en mars, deux chapons en plumes et 2 sols parisis pour la sauce », sous l'amende de 2 sols.

Le seigneur possédait le droit d'assises sur tous les habitants : celui-ci évalué à quatre quartels de froment pour tous les laboureurs ayant quatre chevaux et plus ; trois quartels pour chaque laboureur n'ayant qu'une demi-charrue ; deux quartels pour les autres habitants et demi-assise pour les femmes veuves, le tout rendu et mesuré au château de Wasigny et payable le jour de Saint-Remi premier octobre.

(1) Appendice I. — *Les Domaines et Châteaux de Wasigny et Bégny de 1766 à 1913.*

(2) L'énumération de ces droits seigneuriaux est donnée d'après un *Inventaire* ms, dressé par M. Caulet d'Hauteville. Document bienveillamment communiqué par M. Mény, alors régisseur, copié par nous en 1901, aux Archives du château de Wasigny.

Il percevait aussi le droit de terrage sur toutes les terres de la seigneurie, à raison de la douzième gerbe pour le froment « à cause de la gerbe du seilleur » et la onzième sur tous les autres grains ou productions. En outre, divers droits de cens, surcens, et rentes foncières dus par les habitants du bourg, et autres propriétaires forains le jour de Saint-Remy 1er octobre, sous l'amende de 2 sols par.

LA HALLE

Le droit d'avoir deux foires à Wasigny appartenait au seigneur : l'une, le lendemain de l'Ascension, et l'autre le lendemain de Saint-André ; et aussi celui d'y faire marché les vendredis de chaque semaine.

Les droits de hallage s'étendaient sur tous les grains vendus aux foires et marchés.

Le droit de tonieux se levait sur toutes les denrées se débitant à Wasigny, savoir : « pour un cheval et une bête asine les jours de foires 7 sols, 6 den. ; pour une vache 3 s. 6 d. et une chèvre 3 s. Pour une charette chargée de marchandises ou de légumes qui se vendent au marché

24 s. les jours de foires et 12 s. les jours de marchez. Pour un porc de lait 12 s. les jours de marchez et 2 s. 6 d. les jours de foires ; pour un veau 1 d. les jours de marché et 2 d. les jours de foire ; pour un cabri et pour une peau de mouton ou de brebis 6 d. les jours de marchez et le double les jours de foire ».

D'autres droits étaient également en vigueur : ceux de « langueage » qui se payait à raison de 5 sols les jours de foire, pour chaque porc pincé à la langue ; ceux d'étalage, de stellage et pesage ; le droit de « relever les poids et mesures » ; ceux de chasse, de tenderie, de pêche « excepté pour ce dernier, que les habitants peuvent pêcher la rivière de Veau depuis la Fosse du Moulin jusqu'au terroir de Justine ».

Le droit de « colombier à pied ainsi qu'il a toujours existé dans le pavillon du château et hors de l'enceinte d'icelui » ; enfin, avait encore le seigneur de Wasigny, le droit de pâture, de planter sur les chemins et terres vagues du terroir, et celui de barrière « pour fermer la chaussée qui conduit au château ».

Moulins bannaux. — « Le droit des moulins de Wasigny se percevait au dix-huitième, iceux bannaux pour les habitants de Wasigny, sous l'amende de 5 sols, et confiscation des grains ».

Divers baux nous ont conservé les noms des tenanciers ainsi que le prix de louage : 20 mai 1679, François Chantraine pour 380 liv. ; 28 juin 1708, Michel Charbonneaux ; 11 août 1730, Gilles Meunier, 995 liv. ; 22 décembre 1749, Jean-Pierre Tonnellier, 1.150 liv. ; 20 décembre 1757, Jacques Vassant ; 3 octobre 1766, Nicolas Waflard, 1.200 liv., etc. (1).

***

Fief de Lisgarde

Lisgarde (2) est aujourd'hui une ferme construite sur les bords de la Vaux, à 1 kilomètre et demi et au sud de

(1) Renseignements tirés de l'*Inventaire ms*, cité plus haut.
L'ancien moulin banal de Wasigny a été incendié il y a quelques années. Le pont en bois, près du moulin, reconstruit en 1866, et qui en remplaçait deux autres construits plus haut en amont de la Vaux, a été remplacé lui-même en 1906 par une passerelle en fer.

(2) La carte de Cassini porte *Disgarde*. Les bâtiments sont modernes.

Wasigny. C'était autrefois un fief assez important : « Le fief, terre et seigneurie de Mordan dit Lisgarde, relevait pour moitié de la principauté de Porcien et de la baronnie de Chaumont pour l'autre moitié (1) ».

Le 5 février 1607, Jean Lépagnol en devenait le possesseur.

Le 9 mai 1616, le même « Jehan Lespagnol, seigneur de Fontenois, et du fief de Mordan, demeurant à Reims, paroisse Saint Etienne, donne pouvoir de comparoir par devant Mr le baron de Chaulmont, duquel ledit fief de Mordan est mouvant, pour moitié, à cause de son chastel et baronnie dudit Chaulmont, et illecq faire les foy et hommage, créance de service et fidélité, présenter le dénombrement du fief de Mordan (2) ».

Il fait également, le 8 janvier 1633, « les foy et hommage à Mre Charles de la Haye, seigneur et baron de Chaumont en Porcien », pour raison dudit fief, en présence de Mre Nicolas de la Haye, chevalier, seigneur et vicomte de la Saulx, tuteur dudit baron de Chaumont (3).

Nous voyons encore le 19 avril 1692, « Catherine Ravineau, veuve de noble homme Claude Lespagnol, seigneur de Mordan, demeurant à Reims, en son nom et comme mère et gardienne de ses enfants, vendre à noble homme Jean-Jacques Levesque, seigneur de Macquenoise, demeurant à Bobigny, « le fief de Mordan, situé au terroir de Vuasigny, consistant en une maison en forme de chasteau garni de taurs, fermée de fossés, trois pièces de terre de chacune trente septiers joignant l'une l'autre près le terroir de Vuasigny, bordant un grand chemin qui va à Justine, seize fauchées de prés, en quatre pièces, ledit fief de Mordan mouvant en plein fief, foy et hommage, savoir : pour moitié, de mgr le duc de Mazarin, en qualité de prince de Portien, à cause de son château et principauté de Portien, et pour l'autre moitié : de mr le Baron de Chaumont, venant du naissant dudit feu Claude Lespagnol, moyennant 7.000 liv., pour demeurer quitte de laquelle somme led. sr acheteur transporte à lad. Lespagnol, 7.000 liv. en principal faisant partie de 8.500 liv., produisant 1.125 liv. de

(1) Minutes de Thomas Rogier, notaire à Reims.

(2) Idem.

(3) Minutes de Dallier, notaire à Reims. Communication de M. Paul Pellot, archiviste de Rethel.

rente, à lui due par Jean de Villelongue, seigneur de Remilly, Vuasigny et Louise Pétré, son épouse (1).

Nous avons vu la famille de Prieuré, seigneurs du fief tout au moins en partie, car la famille Lévêque y possédait encore des droits en 1738. A cette date, le 28 septembre, elle s'en dessaisit, moyennant 12.000 liv. en faveur de Messire Charles de Saint-Mart. Dès lors, les seigneurs de Wasigny en restent les détenteurs.

V. — Vieilles Maisons. — Cadrans solaires Taques de foyers

Nous rappelions au début de cette notice le caractère ancien de plusieurs constructions de notre bourg. Sur ce sujet, nous ne pouvons mieux faire que de reproduire les renseignements précis que nous communiquait récemment, M. Armand Picard, notre bienveillant collaborateur:

« Il reste encore à Wasigny, écrit-il, beaucoup d'anciennes maisons, autrefois à auvents, mais elles ont été à peu près toutes modernisées, les poutres surplombantes ont été sciées, ainsi que les poutres portant le toit de la halle qui arrivait d'un côté à 1 m. 60 du sol. Cette dernière transformation date déjà de près de trente-cinq ans.

« En passant au bas de la halle, en montant vers la gare, la maison Sandron, sabotier, mérite d'être citée. C'était autrefois la demeure de M. Watelier (2), acquéreur, en 1793, des fermes de Landas et de Gauditout, provenant de l'émigré de Vauclerois. La porte de cette maison, facilement reconnaissable provient de l'abbaye de Signy. Deux autres portes d'intérieur, également de l'abbaye, sont dans l'atelier de M. Rogelet, près de la halte du chemin de fer de Wasigny à La Neuville.

(1) *Invent. cité.*

(2) L'âtre de la cheminée a encore sa taque ancienne, mais tellement fruste qu'il est impossible de rien déterminer. En avant du foyer, il existe encore quelques carrelages de marbre de l'abbaye de Signy, ainsi qu'une dalle funéraire de même provenance. Malheureusement l'inscription qui se lisait encore il y a une cinquantaine d'années, d'après le témoignage d'une personne, est aujourd'hui complètement effacée. (Lettre de M. Armand Picard, du 24 septembre 1913).

« D'après M. Duval, de Wasigny, la maison en pierres de taille derrière l'école et où demeure M. Varlet-Longin, appartenait autrefois à l'abbaye de Signy. Il n'y a rien que la tradition orale à cet égard. — C'était, toujours d'après la tradition, gîte d'étape, ou maison de refuge de l'abbaye. — Cette maison présente tous les caractères des constructions du temps de Louis XIV.

« Une autre maison du même genre, vaste, élégante et solide, sur la côte, point culminant du village, paraît être de la même époque.

« Il y avait encore, il y a une dizaine d'années sur une poutre extérieure de l'ancienne maison Constant Reneuf, à la rue Basse, près du moulin, un cadran solaire de forme carrée, gravé sur ardoise de 34 centimètres sur 35, avec dessins et quatre étoiles dans le haut. Il portait la date de 1781. Il a été donné à M. Tranchard, maire de La Neuville, par le propriétaire actuel, M. Lebrun-Grulet, de Wasigny.

« Un autre cadran solaire, également gravé sur ardoise, était autrefois sur la maison Croizette, à La Rue Basse. Il est octogone et mesure 34 centimètres. Les heures 4, 5, 6, 7 et 8 sont répétées deux fois.

« Dans le haut une rose des vents, où l'on reconnaît les noms de *Osiris*, *Ponente*, *Maestro*, *Grœco*, *Sirocco*, *Rebecio*, etc.

Au-dessus, on lit sur trois lignes :

AUTEUR DE POLE
$49\frac{1}{2}$ DEGREZ PAR
J. E. M. T.

et au-dessous entre la rose :

WASI GNY
18 11
SIT (1)
VITA FUGIT

(1) Pour SIC.

« La tige, ou style, manque. Ce cadran solaire nous a été très obligeamment donné par M. Delaître-Baudrillart, à Wasigny.

« Un troisième cadran solaire se trouve gravé en demi-cercle sur le contrefort est de l'église. »

Nous pouvons toutefois signaler avec plaisir et toujours grâce aux recherches de M. Armand Picard, un autre cadran solaire, très finement ouvragé et portant la date de 1775. Il appartient à M. Toulouze-Petit. Il ne porte pas de devise, mais nous devons savoir gré à l'heureux possesseur de l'avoir conservé intact. Il était fixé autrefois à la maison Brioux, tourneur, habitée aujourd'hui par M. Toulouze, rue Basse.

Les cadrans solaires existant encore dans la région rémoise et ardennaise ont fait l'objet d'une intéressante étude due à la plume érudite de M. Henri Jadart. (Voir *Almanach Matot-Braine*, années 1911 et 1912). M. Armand Picard nous signale cet autre cadran solaire visible sur une ancienne maison de Lalobbe, à poutres et toits surplombants (maison Cassleux). Il est daté de 1774. Dans le on lit : *Par Letellier, m. d. ecolle a Doumely. — A M. Leger, a La Lobbe, proche l'église.* Dans le bas, sur une seule ligne : *Si le soleil ne luit, ie ne sert non plus le iour que la nuit. Sit nomen Domini benedictum.*

Les vieilles maisons ont leur attrait, mais, comme elles aussi, les taques de cheminées qu'elles abritent. Que ces dernières soient restées dans l'âtre ancestral ou reléguées dans quelque dépendance, le même intérêt s'y attache et tous sujets : blasons, attributs allégoriques, religieux ou mythologique, sont den ature à pousser l'historien à les rechercher et à les décrire dans un double but de curiosité et de sauvegarde. C'est ainsi que M. Armand Picard, accompagné de M. G. Paillas, pharmacien, et de M. G. Petit, tous trois amateurs éclairés, ont, sur notre demande, exploré les maisons du bourg et retrouvé un assez grand nombre de ces taques. Tout le fruit de ce chapitre revient entièrement à leur sagacité et à leurs consciencieuses recherches.

Dans l'ancienne maison Dogny, aujourd'hui *maison Mény*, taque à épaulements portant la date de 1546 ; au-dessus de la date, écusson aux armes de France ; au bas de chaque épaulement : à gauche *Meurtre d'Abel* ; à droite *Sacrifice d'Abraham*. Rosace au milieu et de chaque côté deux fleurs de lys.

Maison Dupont-Hennequin. Taque Louis XIV, datée de 1699, avec soleil et la devise : *Nec pluribus unum* ; au centre, armes de France surmontées de la couronne fleurdelisée. L'écusson, rond, est entouré d'une panoplie de drapeaux dont quelques-uns marqués de fleurs de lys. Ce sont encore les armes de France que nous retrouvons sur une ancienne taque, non datée, accostée des armes du Dauphin et d'un écusson (très fruste), probablement les hermines de Bretagne, le tout entouré d'une chaîne.

La maison Choisy-Magin conserve trois taques anciennes : une très grande, provenant de l'abbaye de Signy, offrant une stèle au centre, à gauche une femme ornée d'une couronne seigneuriale, tenant un bouquet et montrant la stèle à un enfant ; une seconde qui paraît être de l'époque Louis XIV, représente Amphitrite sur un char de coquillages, conduit par des dauphins ; et une autre avec écusson en forme de cœur portant les trois fleurs de lys, une banderolle courant sur le haut et où se lit : *Au cœur royal*, le sceptre à gauche, la main de justice à droite, le tout sur un champ de fleurs de lys, dans un bel encadrement Louis XIII.

Plusieurs taques aux armes de France subsistent encore dans l'ancienne hôtellerie Charbonneaux dit *La Bonté ;* l'une est datée de 1660 ; les cheminées ont gardé deux anciennes crémaillères ornées de fleurs de lys.

Les devises viennent s'ajouter à la décoration. On peut lire celle-ci : *Onny soy qvi mal y pense* sur une taque de 1570 entourant un écu écartelé aux armes (maison Hourdeaux-Piot), et dans la maison Maireaux sur une taque (armes de France) cette autre : *Cor constitutis Regit salutis.* La maison Durand (Vve Lebas-Durand), conservait également une taque portant la devise : *Vive le Roi*. On y voit encore un petit cadran solaire octogone sur ardoise avec cette légende : *Martin — 1788 — Wasigny — 49d 2/3 — Gaudelet*. Les heures sont indiquées de 4 à 12 à gauche et de 1 à 8 à droite.

Ancienne maison Leclère-Coilly, quartier d'Azy : Taque offrant deux écussons, celui de dextre à trois fleurs de lys et une croix au bas, accosté de deux croissants ; celui à senestre portant un dauphin, le tout surmonté d'un arbre. D'autres taques aux armes de France datées de 1562, 1628, 1757, 1770 sont conservées *Maisons Frougneux, Taton, Lallement, Dourlet, Defrize* (Canneaux-Champenois) (1).

Signalons encore dans les maisons Variet et Choisy maison des Mazures, rebâtie par M. Watellier, au commencement du XIXe siècle, une taque haute et large, de style Louis XV, sujet allégorique. La cheminée de marbre, de même style, provient de l'abbaye de Signy, ainsi que la taque conservée chez M. Pol Choisy. Une semblable se retrouve chez M. le Dr Champagne avec la date de 1775.

Terminons, enfin, par la maison Sandron qui offre une belle cheminée de marbre transportée de l'abbaye de Signy dans cette demeure, voisine d'une autre non moins intéressante, dont les toits surplombants sont ornés de deux urnes en cuivre, de belles proportions (XVIIe ou XVIIIe siècle), servant de réceptacle aux eaux de pluie.

Ce sont autant de vestiges dignes d'êtres signalés, autant de souvenirs qu'il est rare de rencontrer partout ailleurs, et qui font honneur à ceux qui ont su en assurer la conservation.

VI. — Quelques Personnages remarquables

Nous venons d'esquisser l'histoire d'un bourg, pleine d'intérêt dans son passé, mais il nous faut faire connaître des noms de personnages remarquables par leur science, leurs vertus ou les fonctions qu'ils remplirent avec honneur.

C'est, au XIVe siècle, deux religieux, tous deux du nom de *Pons*. D'abord Dom *Pons de Wasigny*, abbé de Signy, homme de grand mérite qui consacra des sommes considérables à l'achèvement de la superbe église du monastère, puis Dom *Pons, Ponsars*, ou *Ponchard de Wasigny*, que

(1) Egalement de nombreuses taques, avec sujets allégoriques ou autres, chez MM. Cailteaux, Valtier, Hyacinthe Martin, Manceaux-Constant Marcotte, Constant-Constant, Hus-Rondeau, etc.

l'on croit être le neveu du précédent. Après avoir été moine à La Valroy où il avait exercé les fonctions de cellérier, il fut appelé à l'abbaye de Signy et de là à Igny qu'il gouverna avec habileté et fermeté pendant cinq années, de 1327 à 1332, date de sa mort (1).

Pierre Adam, savant helléniste, est encore de ceux dont Wasigny peut revendiquer le jour. Il vivait au milieu du XVIe siècle. Boulliot ne lui a consacré que quelques lignes, ses recherches sur ce personnage étant restées infructueuses. « Versé, dit-il, dans la connaissance des classiques anciens, il donnait la préférence à Isocrate, regardé comme un modèle d'harmonie, et classé par Photius parmi les dix orateurs les plus célèbres de la Grèce. Il a fait passer dans notre langue quelques fragments de ce grand rhéteur. Sa traduction est intitulée : *Oraison panégyrique d'Isocrate, en l'assemblée, qui se faisait à Athènes, de cinq ans en cinq ans, où est décrit le gouvernement d'une république ; ensemble le devoir et office d'un magistrat ; plus l'exhortation d'Isocrate à Demonic, touchant le devoir de vivre civilement, selon la vertu et honneur : ensemble l'oraison consultoire du même auteur, faite en la personne de Nicoclès, roi de Chypre, sur le devoir des sujets envers leur prince.* Lyon, Nic. Bacquenois, 1549, in-8 (2) ».

Une autre personnalité est celle d'*Antoine Magin*, que Boulliot (3) dit être né « vers 1770, dans les environs de Rethel, et peut-être à Wasigny » et qui est bien originaire de notre bourg. Il y vit en effet le jour le 13 août 1770, issu du mariage de Simon Magin, bourrelier et de Marie-Gérarde Foulon. Son parrain fut un laboureur de Draize, Antoine Wuilmet.

Après un noviciat chez les Prémontrés, d'où la Révolution le fit sortir, il professa la grammaire générale à l'école centrale des Ardennes et tint en même temps un pensionnat à Charleville. Il devint ensuite principal du collège d'Haguenau, établissement qu'il avait formé.

(1) Cf. Abbé P.-L. PÉCHENARD, *Histoire de l'abbaye d'Igny, ordre de Cîteaux*, Reims, 1883, p. 266 et suiv.. — Abbé J.-B.-E. CARRÉ, *Histoire du monastère de Notre-Dame d'Igny*, 1884, p. 236 et suiv. Voir aussi le *Bulletin du Diocèse de Reims*, 1873, p. 205.

(2) *Biographie Ardennaise*, ouv. cité, t. I, p. 10. — La Bibliothèque de Reims possède ces ouvrages.

(3) Ouv. cité, t. II, p. 489. — Antoine Magin eut un frère Jean-René, profès de Cuissy, chanoine régulier de l'ordre de Prémontré, qui eut à subir les persécutions révolutionnaires.

Antoine Magin prit sa retraite en cette qualité et vint se fixer à Paris. C'est à Charleville qu'il publia en 1803 un ouvrage alors estimé : *Etudes de la langue française.*

Son portrait a été gravé. Autour de l'ovale où Antoine Magin est représenté, en buste, de profil, on lit : *Gravé par Bouchardy, succ*[r] *de Chrétien, inv*[r] *du Physionotrace. Palais Royal.*

Peut-être a-t-on oublié à Wasigny même, le nom d'une autorité marquante, sa vie s'étant écoulée en dehors de sa patrie, celui de *Jean-François Hennequin,* que les registres paroissiaux conservent et qu'il est juste de rappeler à ses concitoyens.

Jean-François Hennequin naquit à Wasigny le 19 octobre 1772, de Nicolas-Thomas Hennequin « géografe et laboureur » et de Jeanne-Marguerite Landragin (1).

Nous savons qu'il terminait ses études à Paris lorsque, en 1792, au cri de la patrie en danger, il s'enrôla comme volontaire dans un régiment de cavalerie et devint bientôt commissaire des guerres sous les ordres du général Jardon (2).

Nommé en 1796, commissaire du Directoire exécutif du canton de Rolduc (Meuse-Inférieure), il ne tarda pas à donner sa démission à l'aspect des misères qui accablaient cette contrée vaincue, infortunes qu'il fut impuissant à soulager et dont il ne voulait pas rester plus longtemps le froid et stérile spectateur (3).

Hennequin fut appelé par le suffrage de ses concitoyens à l'administration de la Meuse-Inférieure. Son premier acte fut de faire lever à Maëstricht et Vanloo l'état de siège imposé par le général Tilly et de faire ainsi cesser toutes les vexations, conséquences de cet état anormal où

(1) *Registres paroissiaux.* — A la naissance de Jean-Baptiste-Sébastien Hennequin, en janvier 1770, le père, Nicolas-Thomas, est dit « Géomètre » (Renseignement obligeamment communiqué par M. H. Noizet, instituteur, le 12 mai 1910).

(2) *Registres paroissiaux.*

(3) Les détails que nous donnons sur Jean-François Hennequin sont extraits du Recueil ms, *Les Ardennes Illustrées,* conservé aux *Archives de Rethel* et légué à cette ville par M. Chéri Pauffin. On y trouve son portrait, bel in-folio, de même que celui de Antoine Magin. Hennequin est représenté dans un costume d'apparat. La légende du bas porte :*Peint par Vieillevoye ; Lith. par Schudert. — Imp. de Simoneau et Toovey, Bruxelles.*

le bon pâtissait souvent sous le caprice et la contrainte du plus fort.

Nous le retrouvons en 1800, simple conseiller de Préfecture, mais presque toujours chargé des fonctions du Préfet qui était alors le général Ferrand. Pendant cet intérim, arriva un jour, à Maëstricht, un convoi de prisonniers que l'on conduisait par ordre du Premier Consul au château de Ham ; notre compatriote ayant acquis la certitude qu'une odieuse délation allait faire condamner ces infortunés, intervint en leur faveur auprès du Gouvernement, prouva leur innocence et ils recouvrèrent leur liberté. D'autres faits semblables sont à son actif. Signalons seulement le rôle qu'il joua lors des désastres de 1814. Maëstricht était devenu comme un vaste hôpital militaire. Hennequin fit l'impossible afin de procurer les secours nécessaires aux blessés encombrant la ville. Lors de la réunion de la Belgique à la Hollande, il siégea à la députation des Etats provinciaux du Limbourg, ensuite à la deuxième Chambre des Etats généraux où il fit disparaître l'illégale perception du double droit de la navigation sur la Meuse ; il résigna néanmoins ses fonctions parce qu'il pensait ne pas être assez familier pour remplir complètement son mandat.

Arriva la Révolution belge. Jean-François Hennequin prit part au Congrès national. Puis en 1831, il fut nommé administrateur de la province du Limbourg, mission pénible où il altéra sa santé, et pour récompense de tant de services rendus, il se vit retirer de ce haut emploi. Il est vrai qu'on lui offrit la croix de Léopold en même temps qu'on lui envoyait sa destitution inattendue. Il la refusa et fit bien.

Hennequin se retira à Liège, ville qui s'empressa de lui accorder le titre de sénateur, dignité à laquelle il fut obligé de renoncer bientôt à cause d'un affaiblissement de l'organe de la vue.

Il termina à Liège son honorable carrière le 29 octobre 1846 et fut inhumé dans un caveau de famille, au cimetière de Gingelom (1).

Jacques-Remacle Watellier, né aussi à Wasigny, comme nous l'avons vu, le 12 octobre 1756, de J.-B. Watelier, notaire et de Marie-Simonne Merlin. Il occupa une situation brillante et il doit trouver sa place ici.

(1) Gingelom, province de Limbourg (Belgique).

Qu'il nous suffise de résumer ses titres : reçu avocat au Parlement de Paris en 1780, avocat au bailliage de Château-Porcien de 1780 à 1790 (1), membre du Directoire du district de Rethel 1792, agent national an II, administrateur du Directoire (arrêté du 4 pluviôse an III) ; nommé juge suppléant près le tribunal des Ardennes en thermidor an IV, il occupait à cette époque les mêmes fonctions et celles d'avoué auprès du tribunal de l'arrondissement de Rethel.

Président du Tribunal de Rethel de 1806 à 1816, il fut également membre du Conseil municipal, du Conseil d'arrondissement, du Conseil de Charité, près les Hospices, etc.

Jacques-Remacle Watelier mourut à Rethel le 5 juin 1825.

(1) En 1790, il fut nommé commandant de la garde nationale de Wasigny.

APPENDICE

I

Les Domaines et Châteaux de Wasigny et Bégny de 1766 à 1913

par M. Armand Picard

A propos du domaine et du château de Wasigny vendus cette année, voici d'après des documents authentiques, un historique, rapide et détaillé, depuis 1766 jusqu'à nos jours.

Ils appartenaient à cette époque à *Marie-Michel-Joseph baron de Saint-Mart*, commandant le régiment d'infanterie étrangère de Bouillon, major général des Troupes de France aux Iles de France et de Bourbon, chevalier de Saint-Louis, aîné, et à son frère cadet *Marie-Jean-Eugène de Saint-Mart*, aussi chevalier de Saint-Louis. Tout le domaine fut vendu le 15 septembre 1766, pour la somme de 330.000 livres à *Pierre-Nicolas Caulet, seigneur d'Hauteville*, Bégny, Crosne et autres lieux. Il comprenait :

1° La Terre et Seigneurie de Wasigny avec haute, moyenne et basse justice, droit d'en nommer les officiers, droits de terrage, d'assise, de hallage, étalage, stellage, etc. ; le *domaine chargé de 18 setiers de froment* par an pour l'abbaye de Signy, par suite d'arrangements précédents.

2° Le château ou maison forte flanqué de deux grosses tours entouré de fossés pleins d'eau, murailles, ponts de pierres et briques. Pont-levis au couchant surmonté d'un pavillon carré, pont et pavillon au levant avec girouettes (à part le pont-levis tout est resté de même, les écussons au-dessus des deux portes d'entrées bardées de centaines de gros clous, ont été grattées à la Révolution). *Vendu* 15.000 *livres*.

3° Le fief de Lisgarde, dit Mordant, sans justice, affermé avec les terres à Gérard Grulet, en plein fief, foi et hommage pour la moitié, et en ressort pour le tout à la principauté de Château-Porcien, appartenant à la duchesse de Mazarin, à cause du château, tour et donjon, et pour l'autre moitié à la terre et baronnie de Chaumont appartenant à la maréchale de La Mothe Houdancourt. Vendu 19.000 *livres*.

4° La Forêt de Saint-Mart relevant en plein fief, foi et

hommage de la principauté de Château-Porcien, formant de son territoire un fief particulier, contenant 403 arpents. Vendue 110.000 *livres*.

5° La ferme et bois de Bellaire et dépendances, près la Forêt de Saint-Mart.

6° La co-seigneurie d'Herbigny estimée 500 livres, rapportant 15 à 16 sols par an sur les droits seigneuriaux ; les bois d'Avaux et de Fauvemont.

7° Le moulin banal de Wasigny, garni de « ses moulants, tournants et travaillants et toutes ses dépendances », loué à Jacques Vassant, meunier, chargé par son bail de payer aux religieux de Signy les 18 setiers de froment dus par an.

8° 95 à 100 parcelles de terres, prés et bois aux terroirs de Wasigny, La Neuville et Sery-en-Portien.

Les frais et *droits seigneuriaux et féodaux dus* à l'occasion de cette vente s'élevèrent à la somme de *soixante-trois mille cent quarante livres*, qui furent *payés par lesdits sieurs de Saint-Mart*.

Les baron et chevalier de Saint-Mart tenaient leur domaine de *Messire Charles-Louis de Saint-Mart*, chevalier baron de Neuville, et de *dame Marie-Charlotte de Béthune, dame de Tanguy*, son épouse, leurs père et mère. Lesdits sieurs baron et dame de Neuville étaient propriétaires de la Seigneurie de Wasigny, comme l'ayant acquise des sieur et *dame de Fougères* qui en avaient exercé le retrait au nom de ladite Dame sur le sieur Galant qui s'en était rendu adjudicataire par sentence de décret forcé rendu au baillage de Reims, sur la succession et héritiers *du sieur de Meaux*, lesquelles dépendances de Wasigny, faisaient partie des terres et prés situés au terroir de La Neuville, et les bois d'Avaux situés au terroir de Sery.

Le fief, terre et seigneurie de Lisgarde dit Mordant, appartenait également au sieur Baron et Dame de Neuville au moyen de l'acquisition qu'ils en avaient faite des sieurs *Levêque et de Maubeuge*, le 28 septembre 1738.

Les mêmes propriétaires avaient acquis la Forêt de Saint-Mart, appelée auparavant la Forêt de Château, de *dame Anne-Louise d'Ambly*, veuve de Gaston-Jean-Baptiste de Terrat, chevalier, marquis de Chaulonnes, Tavers et autres lieux le 27 octobre 1738.

Après leurs dettes payées, il restait au Baron de Saint-Mart sur la vente du château 63.712 *livres*, 18 *sous*.

deniers et à son frère le chevalier 61.307 *livres* 7 *sous* 3 *deniers.*

En outre de son château de Wasigny, le baron de Saint-Mart habitait souvent Paris, rue des Boucheries-Saint-Honoré, paroisse Saint-Roch et le Chevalier logeait de temps en temps à Reims à l'hôtel de la Maison-Rouge, sur la place du Parvis. A Paris il logeait rue du Roule, paroisse Saint-Germain-l'Auxerrois. Tous deux devaient être célibataires. Il n'est mention nulle part de leur mariage.

Pierre-Nicolas Caulet d'Hauteville, acquéreur du domaine de Wasigny en 1766 dut mourir vers 1805. Sans doute, et par suite des changements désastreux, pertes dues à la Révolution et aussi à la suppression des revenus et droits seigneuriaux de l'ancien régime, il était à peu près en déconfiture. Sa veuve *Gabrielle-Thérèse Paillot Desbrunières,* vendit le 17 décembre 1806 le domaine de Bégny à Dehail, marchand de bois à Lignerolles (Orne), sur la renonciation faite à la succession par *Claude-Thérèse-Sophie Caulet,* épouse de *Jean-Baptiste Rouillé de Fontaine,* et par Marie-Joseph-Rose Beaucourt, veuve de *Pierre-Denis Caulet de Wasigny,* fils de *Pierre-Nicolas Caulet,* comme tutrice d'*Auguste-Charles-Pierre Caulet,* leur fils mineur.

Nicolas-Réné Dehail, lui-même en faillite, rétrocéda un an après le domaine et château de Bégny, parc, bois de la Tomelle, bois de Fauvemont, bois des 4 arpents, et environ 400 arpents de terres, prés et bois, fermes, etc., à M. *Basile-Gabriel-Michel Rouillé,* fils de *Jean-Baptiste Rouillé de Fontaine,* pour la somme de 194.200 *francs.* Ce dernier eut de graves ennuis par suite de cette vente, faite en état de faillite à son insu. Menacé de payer une seconde fois aux créanciers, ces démêlés ne se terminèrent que vers 1825.

M. Rouillé, créancier du domaine par sa mère *Claude-Sophie Caulet,* épouse de *Jean-Baptiste Rouillé* qui était déjà sans doute propriétaire à ce moment du château de Wasigny, arrondit ce domaine du château de Bégny et de ses dépendances.

Le château de Bégny fut malheureusement démoli vers 1860, nous ne savons pour quelles raisons. Peut-être à cause des impositions assez élevées.

Toutes les dépendances et fermes ont subsisté, mais nous

ne connaissons aucune gravure ou dessin du corps de logis principal disparu. Tous ceux qui l'ont visité, et il en existe encore, s'accordent à dire que les pièces étaient grandes et magnifiques, plus belles et plus richement meublées que celles du château de Wasigny. Ce bâtiment principal dit château ne possédait pas de tourelles. Il subsiste encore à gauche en entrant, la *salle de Justice* (d'autres disent la chapelle) ornée d'une estrade en chêne, à fuseaux tournés de quelque valeur et une rosace au plafond. Cette salle est transformée en écurie.

L'ameublement du château de Bégny contenait de nombreuses pièces de boiseries des XVIIe et XVIIIe siècles, provenant de la démolition de l'abbaye de Signy. Une petite partie de ces boiseries existe encore chez M. Millart, à Herbigny.

Avec le château disparurent les vasques, fontaines, canaux, viviers et eaux jaillissantes qui en faisaient l'ornement, et aussi les superbes allées d'arbres géants, le Bois blanc du Parc, l'allée des Frênes, l'allée de Diane, l'allée d'Actéon, bordant d'un bout la petite *Ferme à tourelle,* ou *Maison des gardes-chasse* , et en face, la Maison du village appelée le *Corps de garde*, qui existe encore, et servit plus tard d'école et de mairie à Bégny.

Par suite de la mort en 1912 de la dernière descendante de M. Rouillé de Fontaine, Mme la Vicomtesse de Chézelles, le château et le domaine furent vendus et morcelés le 23 février 1913. Les bois divisés par lots ont été adjugés pour abattre à différents négociants de France et de Belgique. Les magnifiques réserves de chêne et de hêtres de la forêt de Saint-Mart gardés avec un soin jaloux et entretenus par M. Mény, régisseur, sont en train de disparaître, sauf les arbres de 80 centimètres de tour à hauteur d'homme. En outre des hêtres plusieurs fois centenaires abattus dans le Petit Bois du Seigneur, un autre hêtre de plus de quatre mètres de tour vient d'être abattu dans la forêt du château.

Les terres ont été acquises par quelques cultivateurs de Wasigny et de La Neuville. Le château a été racheté par M. Taton, de Wasigny. Déjà un ancien bâtiment d'angle des murailles, appelé « La Prison », étant lézardé vient de disparaître. Il était urgent de le restaurer, ou de le démolir. Ses ruines ont servi à empierrer le chemin.

Actuellement il ne reste plus dans le « Petit Bois du Seigneur » qu'un seul des « Trois Frères » connus ainsi dans la contrée, et que nous avons pu, M. G. Paillas et moi sauver à grand peine de la hache du bûcheron. Un gros chêne d'environ trois mètres de tour a été également préservé.

M. Brogné, d'Autry, propriétaire des arbres en a fait don à M. Taton, de Wasigny, adjudicataire du fond, à charge de les garder debout jusqu'à complète vétusté, et celui-ci a accepté bien volontiers. Malgré tout, ces trois arbres alignés curieusement l'un près de l'autre à 1 m. 50 de distance, sont maintenant une curiosité disparue, et le dernier « frère » survivant du vandalisme destructeur, à l'air de tendre vers le ciel ses branches solitaires et désespérées. Il mesure à un mètre du sol 3 m. 67 environ de tour. Celui de droite tombé, 3 m. 75, et le plus petit, à gauche 2 m. 25.

A part quelques arbres de 80 centimètres de tour que l'on laisse provisoirement, ce petit bois si ancien semble condamné à disparaître, ouvert de chaque côté sur des pâturages que l'on doit y créer, la dent des animaux aura tôt fait de faire disparaître les pousses des jeunes taillis. La bordure de noyers, plantés vers 1866, et dominant le château, vient de tomber tout entière en mai et juin 1913.

La municipalité, et les habitants du pays se sont aperçus trop tard, et sans pouvoir y porter remède, que la promenade si pittoresque de Wasigny était vouée à la destruction.

Il est aussi très regrettable que la Direction des Forêts de l'Etat français ne mette pas plus d'empressement à empêcher la disparition des forêts d'un seul tenant.

Tel est le cas de la *Forêt de Saint-Mart*, ou *Bois du Château* qui est en ce moment en voie de destruction. L'Etat pouvait annexer cette forêt, à la « Petite Forêt de Signy » qui est sa propriété, qui lui fait suite sans aucune discontinuité. Il pouvait acquérir ces deux cents hectares de forêt pour 200 à 250 mille francs, peut-être moins encore.

Toutes ces destructions, avec celles des hêtres centenaires du Petit Bois, les coupes désastreuses et excessives des Bois d'Avaux, de Fauvémont, de Bégny, de la Tomelle, ont été une désolation pour les habitants de Wasigny. Mais les lamentations même les plus éloquentes ne changent pas les choses.

Tous les amis des arts et des traditions locales espèrent aussi que le propriétaire du château ne voudra pas gâter son acquisition, ni le pittoresque et la curiosité de la contrée en mutilant à nouveau ce qui reste de beau et d'intéressant au château de Wasigny.

Car si l'on n'y prend garde, vont disparaître de plus en plus tous les souvenirs locaux et traditionnels qui sont l'âme et le charme d'un pays, tous les sites et monuments de l'ancienne France, devant les exigences d'un intérêt mal entendu, et parfois sordide et terre à terre.

Combien a raison Maurice Barrès dans l'intérêt de tous, d'essayer de sauvegarder non seulement les églises de France et les monuments de son passé, mais aussi de restaurer l'esprit solide et traditionnel détruit à plaisir depuis la Révolution.

Imitons en ce point le peuple anglais, le plus traditionnaliste du monde, qui, avec le respect et le soin minutieux de ses monuments, sait encore allier et ajouter la conservation des coutumes du passé dans ce qu'elles ont de meilleur, avec les aspirations les plus affinées de la civilisation actuelle.

II

Le Registre personnel de l'abbé Vautrin, ancien curé de Wasigny (1789-1807)

DOCUMENTS ANALYSÉS PAR M. H. DUVAL

Le premier cahier est intitulé :

Registre particulier pour inscrire les fiançailles, et petit répertoire pour trouver les dates des baptêmes, mariages et sépultures, plus facilement, à mon usage, commencé le 1er janvier 1789.

Philbert VAUTRIN, *prieur-curé de Wasigny.*

Philbert Vautrin, né à Ay-sur-Marne.

Plusieurs actes sont signés P. Vautrin de Valmier, Vautrin Valmier, puis Vautrin (1791).

1792. — Sur la première page du titre, registre 1792, on lit : « J'ay remis, en vertu d'un décret de l'Assemblée legislative, tous les registres entre les mains de la municipalité. Le registre de l'année 1731 manquait, il y avoit quatre actes portés sur celui de 1730.

De 1791, le 5 novembre, l'enfant de Robert Coally (Coilly) est enterré par Mr le Prieur de la Neuville à cause de mon voyage à Ay à la mort de mon frère. »

De 1790, 25 avril. — Fiançailles de Jean Robin et de Marie Nicole Lefils, « faites à 9 h. du soir après la retraite (sonnée) a cette heure ..... le moins possible, ce, vu les ..... de la jeunesse dans l'Eglise ».

Ainsi qu'on le devine, à travers ces réticences, les idées nouvelles pénétraient déjà les jeunes gens du pays. La situation des curés commençait à devenir inquiétante, déjà, en 1790.

1792. — Le 27 octobre, Jacques Faille, curé de Montmeillant, est parrain d'un des fils jumeaux de M. Th. Brouhet, contrôleur.

Le mariage célébré le 24 may, lundy de la Pentecôte sans noces, etc., sans cela je ne l'aurais point fait.

1791, 25 mai. — Fiançailles et mariage du Sr Pierre Cailteaux, notaire (1) et huissier royal à Wasigny et de

(1) Premier assesseur du juge de paix du canton de Novion, en 1807.

Marie Simone Jeanne Watellier « faites à une heure du matin en ma présence avec dispense par Mr Merlin, curé de Mesmont, oncle et parrein de l'épouse ». Le même curé Merlin baptise trois des quatre fils de Pierre Cailteaux. En 1796, Cailteaux (cadet) et en 1797 Cailteaux Jacques Remacle. L'aîné s'appelait Jean-Baptiste et le quatrième Jacques Remacle Victor baptisé en 1807. Parrain Jacques Remacle Watellier.

1793. — Le 11 novembre, il est fait mention pour la première fois de l'ère républicaine (brumaire an II de la République).

Du 14 janvier. — Mariage de Antoine-Antoine dit Cadet, md boucher et de Margueritte Vennier, « à 8 heures du soir, malgré moi. Point de messe pour eux le lendemain, tel était le délabrement de notre sainte Religion ».

17 décembre. — Sépulture à la républicaine de Pierre Dapremont. « Pourtant je l'avois confessé et il avoit demandé les sacrements ».

1794, 13 janvier. — « Depuis cette époque jusques au sept juillet 1795, je n'ay plus exercé mes fonctions de curé et (j'ai) été obligé de me retirer et de sortir de ma paroisse a cause de la persécution faite contre l'Eglise ».

Suit cette note :

« Environ huit jours après mon départ, le fils de M. Canart, Remy Canart, chanoine de la Congrégation de France, cy-devant chanoine régulier prêtre (curé) de Saint-Germainmont ou desservant, a donné la bénédiction nuptiale à Jacques Waflard et à sa sœur Marie Simone Canart. »

1796. — A la dernière page du cahier de cette année on lit : Ce jourd'huy 26 janvier 1796 j'ay pris le party de terminer ce registre, de couper le reste du papier qui ne valoit rien, et ces feuillets coupés ne sont point une lacune, mais par cette raison de plus (que) depuis la persécution qu'on nous a enlevé les registres, celui-cy n'est qu'un répertoire pour moi et n'a été que pour moy. Ce, depuis le 1er juin 1789 jusqu'au 13 sept[e] 1795.

Philbert VAUTRIN, p[r] curé de Wasigny.

Sur la couverture. Voyez le registre suivant, le 2me dans l'ordre de mes registres.

Certifié véritable, VAUTRIN, curé de Wasigny.

22 avril. — Sépulture de Charles de Maubeuge, cy

devant chevalier de St Louis et seigneur de La Neuville, âgé d'environ 92 ans.

1797, 8 sept. — Les cérémonies supplémentaires du baptême sont conférées à six enfants de Wasigny, Marie J[ne] Monelin, J. B[te] Monelin d'Ecly, Pierre Osson, Véronique Charbonneaux et Jacques Coustant.

En janvier 1797, le curé Merlin, de Mesmont, vient à Wasigny exercer son ministère pendant la maladie de l'abbé Vautrin.

Inscription en août 1797 « d'un baptême fait à Givron pendant la persécution en mon absence en 1795. Il y en a peut-être d'autres que je ne scay point. »

Mariages civils pendant la Révolution

6e Registre. — « (Note pour m'en souvenir). Depuis mon retour dans ma paroisse jusqu'au Concordat, il y a eu jusqu'aujourd'hui 31 décembre 1807, trois mariages civils : (mariages à la République). »

1° Grégoire H[s] Jean B[te] Lejeune avec une fille de feu J. H[t] Ch. de la rue Basse. Leur enfant baptisé le 10 sept. 1803.

2° Celui du fils du père Ancelet dit La Violette avec Louise Satabin. Baptême de leur enfant 14 décembre 1802.

3° Celui de J. B. Coilly, fils de Nicolas avec M. C., fille de P. C. laboureur, 5 mars 1806.

L'abbé Vautrin dut quitter sa paroisse une première fois de janvier 1794 à juillet 1795. Puis une seconde fois en 1798, à la suite de son église profanée et du grand incendie survenu en cette année. Pendant ces absences il y eut d'autres mariages civils :

4° François Noizet prêtre et Marie Cath. Badré.

5° Nicolas T. et Thérèse Meunier.

6° Jean Evangéliste Bréart, meunier, et Marie Thérèse Wallard. Baptême de leur enfant, 19 août 1805.

7° Pierre C[t] manouvrier et Alexine Meunier. Baptême de leurs enfants jumeaux, 4 avril 1803.

8° Jean Nicolas Denis C[t] de Bertoncourt et Marie Claire Pellot. Légitimé en 1804. Pas d'acte. Baptême de leur enfant, 12 juin 1803.

9° Jacques Ch. tailleur d'habits et Marie Julie Cordellier de Châlons sur Saône. Inhumation religieuse de ladite femme 18 juin 1803.

10° J. B^{te} Château, berger et Louise Letellier. Baptême de leur enfant 12 juin 1803.

11° Fulgence Flamin et Marie Anne Devrez.

12° Jacques Valentin Flamin et Marie Madeleine Marcelle Devrez :

Baptême de leurs enfants : 9 février 1802 ; 23 novembre 1802.

13° Ducamp ..... et ..... Cambron ou Cambray. Sépulture religieuse de leur enfant, 6 mars 1797.

14° Jean Louis Douxami, berger à la Sauge-aux-Bois et Marg^{te} Château. Baptême de leur enfant 17 mars 1801.

15° Pierre F. (en 2e noces), boulanger et Marie Waflard. Baptême de leur enfant, Jean François, 16 sept. 1797.

16° Claude Courbe et Marie Nicole Péon. « Mariés à l'église de Signy a ce que l'on m'a assuré». Sépulture religieuse de leur enfant, 6 mars 1797.

18° Antoine Roger Piot et Margueritte Templier (mariage béni le 14 mars 1803). Baptême de leurs enfants, 4 septembre 1802.

19° Claude C^{t} manouvrier et Rose Ladoucette. Baptême de leur enfant, 18 décembre 1800.

20° Jean Nicolas B^{d} et Marie Michelle H^{t}. Baptême de leur fils Nicolas 17 octobre 1800.

21° Etienne Reneuf, serrurier, et Louise Makère. Baptême de leur enfant le 6 février 1799.

22° J B^{te} H^{t} et Marie Anne Durant. Baptême de leur enfant, 4 octobre 1802.

23° Jean Nicolas Velly et Marie Jeanne Manceaux. Baptême à La Neuville de leur enfant, 30 août 1802.

24° Jacques Carbonneau et Marie Simone H. Baptême à La Neuville, de leur enfant, 28 octobre 1802.

Habitants notables de Wasigny mentionnés aux répertoires de 1790 à 1798

Actes paroissiaux et actes civils

Ferréol Terlot, cy devant procureur fiscal, 13 mars 1793.

Charles Louis Meunier, notaire et greffier de la ci-devant seigneurie de Wasigny, 20 avril 1796.

Jacques François Meusnier, maître de latin, 26 novembre 1795.

J. François Landragin, greffier du juge de paix, 14 juillet 1793.

Louis Renaut Thyerrot, cy devant huissier royal, 24 mars 1791.

François Thomas Hennequin, m^e et géomètre, 13 janvier 1794.

Nicolas Hennequin, huissier royal, 21 mai 1790.

Simon Coally ou Coilly, ancien juge royal, 10 mars 1792.

Nicolas Coally, son fils, procureur syndic de la commune de Wasigny en 1792 ; acte 10 mars 1792.

Jacques Vautier, officier d'infanterie pensionné ; fiançailles le 6 janvier 1792.

Rigobert Cordier, ancien maître d'école et chantre de la paroisse (acte d'inhumation, 23 février 1792).

Jean Baptiste Canart, soldat milicien ; mariage 3 février 1790.

Thomas Brouhet, contrôleur des actes en 1798 ; 13-16 décembre 1798.

Pierre Bressol, cy devant soldat grenadier du régim^t de Condé, 18 octobre 1790.

Pierre Bressol, cavalier ou gendarme, demeurant à Mesmont, 20 août 1797.

Jacques Durand, soldat invalide, 13 février 1791.

Bernisseaux (de La Neuville), officier de l'armée, 15 mars 1796.

François Breton, chirurgien à Wasigny, 30 décembre 1797.

J. B^te Mayer, maître d'école en 1790-1792.

Pierre Thomas, chirurgien, mort le 25 décembre 1796.

J. B^te de la Charlière, receveur des droits réunis, 20 août 1807, prenait pension à l'ancienne auberge Charbonneau-Breton, dit *La Bonté*.

Cailteaux « vice-président de la Société Populaire, jacobite et montagnard de Wasigny », 1793.

Meusnier, Landragin, secrétaires de ladite Société Populaire, 1793.

Watellier, maire, 1793.

Surnoms trouvés dans les actes religieux et civils de 1789 à 1799

1789, 4 décembre. — Baptême de Gérard Remi Piot, fils de J. B^te Piot, dit *Mon oncle*.

1790, 13 mars. — Michel Constant, charpentier, dit *Gobus*. Baptême de son fils J. B[te].

17 juin. — Baptême de J. B. Piot, fils de Thomas Piot, dit *Noni*.

16 décembre. — Fiançailles de Noël Landouzy dit *Lejeune*.

1791, 13 février — Fiançailles de J. B. Piot, fils de J. B. Piot dit *Lamy*.

13 février. — Picard de Draize dit *Le Loup-Garou*.

Même date. — Fiançailles de Paul, fils de Jacques Durand , soldat, invalide, dit *Canada*.

31 août. — Baptême de Marie Joseph Ancelet, fils de J. B. Ancelet dit *La Violette*.

1792, 11 avril. — Baptême de Antoine Antoine fils de Christophe Antoine, boucher, dit *Carabinier*.

10 juillet. — Mariage de J. B[te] Reneuf, serrurier, armurier, dit *Le Jeune*.

21 août. — Mort de Jeanne Clouet v[e] de Ch. Jeannot, dite *Petite Jeanneton*.

1793, 29 janvier. — Mariage de M[te] Cath. Hysette, fille de Hysette, maréchal, dit *La Flamme*.

20 octobre. — Mort de Tristan Lebrun, fils de Jean Lebrun, dit de *Mesmont*.

14 novembre. — Baptême de Marie Magin ditte de l'*Egalité*.

1 décembre. — Baptême de J. B. Charbonneaux, dit *Primidi*.

27 décembre. — Baptême de Marie Baudrillard, dite *Floréal*, fille de B., sabotier.

1794, 14 pluviôse an II. — Baptême de Jeanne Marie Hamel, dite *Liberté*.

8 janvier (19 nivôse). — Mariage de M[le] J[ne] Constant, fille de N[as] Joseph, dit *Jolybois*.

1795, 8 septembre. — Parrain de Marie Véronique Charbonneaux le fils dit *Champagne* (1).

1796, 22 juin. — Mort de ..... Brouhet, v[e] de ....., ditte *Seurette*, sœur de M. Brouhet.

11 juillet. — Mort de M[le] Jeanne Godart, f[e] de Simon Brouhet, dit *Le Parisien*.

(1) D'après la tradition, ce fut le fils dit *Champagne* qui proposa en 1793 et réussit à faire abattre une des tours du château. Cette tour, dit-on, « lui gênait la vue ».

24 septembre. — Baptême de Louise Antoine, femme de Antoine-Antoine, dit *Brutus*.

21 mai. — Mort de Pierre Constant dit *Lozine* ou *Nozine* (abréviation de Onésime).

22 juillet. — Baptême de J. N. Landragin, fils de Landragin, sabotier et de ..... Longin, *fille du dit Bapaume*.

2 décembre. — Baptême de Marie Claire Antoine, fille de Antoine-Antoine, boucher dit *Cadet*, dit *La Plante*.

30 décembre. — Mariage de Robert Antoine Charbonneaux, dit *La Bonté*.

1798, 12 février. — Mort de J. B. Barthélemy, lainier, né à Signy, dit *Bois le Duc*.

27 février. — Mort de ..... Jurion, dit *Le Petit*.

17 décembre. — Mort de Mre Ant^{re} Devie, fils de J. B. Devie dit *Le Veau*, de la Neuville.

1799, 3 février. — Mort de Elisabeth Constant v^{e} Charbonneaux, mère du *Grand Louis* et de son frère *Le Parisien*.

En février. — Mort de ..... Métrier dit *Vendôme*.

26 juin. — Mort de Jacques Meunier de la rue Basse, dit *Roquet*.

Incendie terrible à Wasigny

12 Décembre 1798

« L'incendie terrible arrivé dans cette paroisse cejourd'hui 12 décembre, à 7 heures du soir, est un de ces événements dont les habitants et jeunes enfants ne devront jamais perdre le souvenir, puisqu'à une infinité de marques, il a été une preuve de la vengeance de Dieu et de sa colère ; bien des circonstances de ce feu prouvoient qu'il n'étoit point ordinaire. Outre la perte totale de plus de 45 ménages et familles, deux personnes grillées, rôties. Mad^{e} Brouhet, femme de Thomas Brouhet, controlleur et une de ses filles, relligieuse de Rethel, aussi grillée et dont le lendemain on n'avoit point encore trouvé de vestiges, doivent ne jamais faire oublier ce terrible mais juste événement. A quelque moment, si Dieu m'en donne le temps, j'en extrairai les causes.

VAUTRIN, p^{r} curé de Wasigny. »

[De M. A. Picard :

« L'église de Wasigny venait d'être saccagée et profanée par les révolutionnaires du pays conduits par un nommé

Corvisy, officier de santé. Le mobilier ancien de l'église, les ornements sacerdotaux furent brûlés ou enlevés, ainsi que les papiers, livres ou parchemins précieux pour l'histoire du pays. Une vieille habitante de Wasigny (1) que beaucoup ont encore connue, nous racontait qu'à l'âge de sept à huit ans, Corvisy lui avait fait traîner par les rues du village, à l'aide d'une corde, les statues en bois des saints de l'église. Elle se rappelait aussi cet incendie. Une tradition persistante à Wasigny rapporte qu'à cet incendie de toute la rue Haute, la demoiselle Brouhet affolée par les flammes, quoique près de la porte, toute prête à sortir, et même sortie, voyant des flammes partout, s'écria : « C'est la fin du monde ! » et rentra dans le brasier. Une autre tradition veut que Corvisy, quelques années après, tombé en léthargie et pris pour mort, fut enterré vivant. Lorsqu'on exhuma son cadavre un peu plus tard, l'on trouva une tête grimaçante et les deux bras rongés. »]

1798, 13 Décembre. — Sépulture de ...., seconde femme de Thomas Brouhet, controlleur des actes, âgée de ....., née à Barby, près de Rethel, étouffée et brûlée dans l'incendie arrivé dans cette paroisse la veille du 12 décembre. »

16 décembre. — « Sépulture de Marie Angélique Constance Brouhet, fille de Th. Brouhet, relligieuse de chœur au couvent de Rethel, près de ses père et mère, incendiée et brûlée, réduite en cendres le 12 sus dit mois. (On n'a retrouvé que des os calcinés et les dents, le tout en très petit nombre). Enterrée près de sa mère (dans le cimetière tenant à l'église, touchant le portique du vestibule de l'église du côté du nord) dans une petite caisse de bois comme celle d'un enfant.

VAUTRIN, prieur curé de Wasigny. »

1798. — Notte (*sic*). « Vers le 18 ou 20 décembre, j'ay cessé mes fonctions publiques de prieur curé de Wasigny, mon église ayant été prophanée, et selon les conseils des supérieurs et de nos confrères, je n'ay pu depuis l'incendie du 12 décembre y faire aucune fonction publique.

M. Landragin, prieur curé de Mont Lépilois, diocèse de Senlis, m'a suppléé en ce qu'il a pu...

(1) Sophie Leclère, v[e] Martin, ancienne balayeuse de l'église et porteuse d'eau bénite, fille de Jean-Charles Leclère « renoueur » ou « berruyer », née le 9 septembre 1790.

Sur ce (qu'il) m'a transmis dans ma retraite, dans ma famille, j'ai continué ce présent pour me servir.

Le premier acte qui suit cette note est un acte d'inhumation ainsi rédigé :

1799. — 11 janvier. — Sépulture (en habit laïc) par M. Landragin de Jeanne Marguerite Hannet veuve Landouzy, âgée de ..... mère de Landouzy-Grulet.

20 septembre. — A la suite de l'acte de sépulture de Marie Joseph Jeannot femme de Michel Larue, lainier, décédée munie des secours spirituels de l'église, on trouve sans nom) :

Baptême de trois enfants en différents temps par le même M. Landragin, pendant mon absence de ma cure (Enfant Remy Brioux).

Un baptême fait le 8 janvier par M. Landragin *in domo paterna,* laissant bien supposer que l'église en ce moment est fermée.

Septembre. — Sépulture de deux enfants de Reims, de ..... Morin Maïlle fabricant à Reims, neveu de la sœur Maille d[nte] à Wasigny.

A la fin du folio 12 du troisième cahier on lit :

Nota. — Ces M. M. (Jean René Magin et J. Landragin prêtres Prémontrés) ont l'état de tous les batêmes qu'ils ont fait pendant mon absence de ma paroisse depuis l'incendie.

Suit une liste de baptêmes, de sépultures et de mariages.

1° Du 21 nivôse an 7 ou 12 janvier 1799.

2° Du 11 messidor an 10 ou 30 juin 1802.

1800, 9 juin. — L'acte suivant de J. Landragin laisse entendre que l'église est toujours fermée.

« Le 9 juin 1800 vers les 4 heures après midi est décédée Jeanne Marguerite de Beuvry, née le 11 février 1711, épouse de M. Pierre de Saillans, en son vivant seigneur d'Herbigny, âgée de 89 ans et demi, a reçu le sacrement d'extrême onction. Inhumée le 10 dans le cimetière de cette paroisse, après avoir dit pour le repos de son âme *les prières de l'Office des Morts dans la maison où elle est décédée.* Son fils, ancien capitaine d'infanterie, et son épouse étaient présents aux funérailles ainsi que le soussigné J. Landragin.

Note. — Cette Jeanne de Saillans de Beuvry était mère de deux dames abbesses du Parc, et de quatre fils, un abbé et trois autres, tous trois chevaliers de Saint-Louis.

En 1801, pendant sa retraite, l'abbé Vautrin fit deux baptêmes à Reims et il se dénomme « prêtre catholique, prieur curé de la paroïsse St-Remy de Wasigny. »

Le premier, le 12 décembre 1801, fut celui de Nicolas Joseph Provins, fils de Nicolas et de Marie Jeanne Hurel. Parrain : Jean Nicolas Rivart, greffier du Tribunal civil. Marraine : Marie Antoinette Allard, son épouse, habitant la paroisse St Pierre le Vieil. Ce baptême a été fait du consentement de Me Charles Labbé, vicaire de la paroisse St-Thimotée, fondé de pouvoirs de M^r^ le curé titulaire de la ditte paroisse et de Mgr l'Archevêque de Reims.

Le deuxième fut fait en l'oratoire de M^r^ d'Origny de Beaugilet, paroisse de St-Etienne à Rheims. »

Louis Eugène Delarbre fils de Jean Delarbre tisseur et de Justine Trépas née à Maubeuge.

Au bas du folio 14, troisième cahier, on lit :

« L'an de grâce mil huit cent deux, étant de retour dans ma paroisse et y exerçant mes fonctions de curé depuis le 25 may, sus dite année, j'ai reporté sur mon présent registre au répertoire notte de tous les actes portés sur celui des prêtres catholiques qui ont exercé en mon absence, surtout M. M. Landragin et Magin.

Depuis l'époque de mon départ jusqu'à ma reprise du culte en cette paroisse interrompue par les raisons cydessus, ne vous attachez pas à une suitte exacte de numéros. »

A la page 35 : « Les actes mentionnés depuis la page 14e jusqu'à celle-cy, 35e page, reportés par moy Vautrin p^r^ curé de Wasigny, pour valoir et servir dans mes fonctions ecclésiastiques et non autrement selon les lois nouvelles. »

Page 37, troisième cahier :

1802, 30 juin ou 2 messidor an 10. « Premier acte fait par moy soussigné prieur curé de Wasigny depuis la reprise de mes fonctions, n'ayant pas résidé dans ma paroisse pendant longtemps à cause du malheur des temps, du règne de l'impiété, etc., etc. »

Cet acte est celui de Mlle Elisabeth Graisse. Au 9 août même année, baptême de J. B^te^ Bréart.

L'abbé Vautrin signe : ancien prieur, curé de Wasigny.

1803, février. — L'abbé Vautrin transcrit ici, sur son registre, l'acte *in-extenso* du mariage de Nicolas Brouhet et de Henriette Alexandrine Roze, célébré le 20 octobre 1799 par « Jean René Magin, prêtre catholique, muni des pouvoirs de la part de Mgr Alexandre Angélique de Taillerand de Périgord, la publication n'ayant pas eu lieu rapport aux circonstances... »

Le quatrième cahier va du 28 novembre 1803 (ou lundy 6 brumaire an XII de la République française au 23 may 1804, ou 23 floréal an XII).

Les premières signatures des particuliers apparaissent au mariage Picard-Manceaux le 7 février 1804. Auparavant les témoins des cérémonies, les parrains et marraines n'osaient signer rapport aux circonstances.

1804, 3 mars. — Marie Rose Courbe, baptisée âgée de 9 ans 1/2, signe elle-même à son baptême.

De même Marie Jeanne Augustine Coutant, même âge, le 17 mars 1804.

Mardy 8 may ou 18 floréal an XII. — Grande inondation à Wasigny appelée Déluge par les habitants. » Ce même jour, baptême de Antoinette Manceaux, fille de J. B. Manceaux, laboureur. « Ay baptisé ce jourd'hui une fille née dans la nuit du débordement des eaux etc. etc. » *En marge:* « Cet enfant né à terme, mais par l'effet d'un tonnerre furieux, des éclairs et d'une inondation subite et de telle abondance que de mémoire d'hommes on n'en a jamais vu de pareilles, et dont les effets aient été aussi funestes. »

12 juin. — Avant l'acte de baptême de J. B. Constant de ce jour 12 juin, on lit :

Ad memoriam posteoreum hodie 5ª die junii, hora 9ª serotina et dimidia quando nimis oia devastavit frumenta et alia oia bona terræ, etc., 1804, vel 12° anno Reipᵘᵉ.

(*Traduction.* — Pour le souvenir de la postérité, le 5ᵉ jour de juin, à 9 heures 1/2 du soir, une grande grêle a dévasté tous les froments et aussi tous les autres biens de la terre).

1804 ou l'année 12ᵉ de la République.

21 août. — Arnoult Pellot et sa femme Elisabeth Midou, parrain et marraine de l'enfant des époux Canart-Pellot, n'ont signé l'acte de baptême que le lendemain, « n'ayant pu se rendre à Wasigny le matin, vu les grandes pluies. »

D'après les actes de l'Etat civil, la mortalité fut grande parmi les enfants de 1804 à 1805.

Le cinquième registre va du 15 may 1804 au 7 février 1807.

« Sur le présent Registre et les autres se trouvent aussi compris des actes de baptêmes, de sépultures des (autres) paroisses et même de ceux aussy que j'ai faits à Reims y demeurant. J'en ai envoyé des extraits à Reims à nos confrères des deux paroisses.

Philbert VAUTRIN prêtre, ancien curé
desservant depuis le Concordat la
ditte paroisse de Wasigny. »

L'abbé Landragin pendant la Révolution a écrit tous les actes de baptêmes et de sépultures faits par lui du 26 janvier 1800 au 17 mai 1802. Il n'y a pas d'actes de célébration de mariages.

Notons, pour terminer, cet acte :

1806, 20 avril. — Sépulture de J. B[te] Constant, décédé ce jourd'huy, époux de Marie Simone Baudrillard « qui s'est faite en présence de ses enfants, de ses neveux et de sa nombreuse famille, laquelle inhumation je n'ay faite le jour même que sur la vive et instante sollicitation exprimée de toute la famille dudit défunt et d'une grande partie des paroissiens vu le genre de mort dudit défunt et la crainte des suites de cette funeste maladie (l'hydrophobie ou rage). Ont signé Claude Courbe, J. B[te] Pointfier, Louis Charbonneaux, Henry Constant, Baudrillard, Simon Charbonneaux, Nic. Joseph Constant, Gennesseaux, Canart-Charbonneaux, Liégeart, Nicolas Constant, Landragin, Lefèvre, Lambin.

Ph. VAUTRIN, prieur, curé de Wasigny. »

CROIX DU VIEUX CIMETIÈRE

Cliché Léon Muller, phot. amateur.

III

La Vie Économique à Wasigny (1793 à 1813)

par M. A. Picard

D'après les Registres de Comptes de Charbon neaux, *dit la « Bonté »*[1] *hôtelier et cabaretier.*

Il nous a paru intéressant, par ces temps de vie chère, de résumer en un court chapitre, les conditions matérielles d'existence chez nos aïeux de Wasigny, il y a cent ans. Ces comptes tels qu'on les faisait naïvement alors, nous signalent bien des particularités et nous font entrevoir une partie de la vie familiale de cette époque. A part le pain qui fut toujours assez cher pendant la révolution et aussi en certaines mauvaises années de la première partie du XIXe siècle, certains produits de première nécessité, lait, beurre, œufs, etc., sont à ce moment d'un bon marché déconcertant; d'autres sont plus chers que de nos jours. Toutefois il est bon d'observer que l'argent à notre époque, ayant diminué de valeur, est aussi plus abondant, et par cela même rétablit un peu l'équilibre.

Le sucre, par exception, reste cher pendant tout le XIXe siècle. Considéré comme un produit médicamenteux ou de luxe, il était plus rare que de nos jours, soit par manque d'arrivages de sucre de canne des colonies, guerres de révolution ou blocus continental. A partir de 1813, le sucre de betteraves commence à se répandre. Fabriqué industriellement pour la première fois en 1811, sous les auspices de Napoléon Ier, il remplace de plus en plus le sucre de canne. Mais la production, tout en croissant, était moins forte qu'à l'heure actuelle, et la consommation était entravée par les droits de régie qui étaient de 10 francs par 100 kilos en 1837, de 30 francs en 1840, et de 60 francs sur le degré après la guerre de 1870.

La taxe ne fut réduite à 2 francs qu'en 1903. Pendant le cours du XIXe siècle, l'on se servait beaucoup de cassonades et de mélasses, sous produits moins chers que le sucre raffiné.

Le café est très rare et peu connu dans nos campagnes pendant les années de la Révolution. Produit de luxe comme le sucre, son usage ne commence à se répandre à Wasigny qu'à partir de 1804. On le payait 4 francs 5 sous la livre. La consommation se développa avec celle du sucre et l'usage en devint de plus en plus fréquent. L'usage du café donna naissance à l'industrie de la chicorée torréfiée. Avec ce produit bon marché, le café devenait accessible à tous. Il y eut à Wasigny plusieurs fabricants de chi-

(1) Mariage de Robert-Antoine Charbonneaux, dit la Bonté, fils de Nicolas Charbonneaux et de Marie-Anne Constant, âgée de 32 ans, cultivateur et aubergiste, avec Marie-Jeanne Breton, 22 ans, fille du chirurgien Breton, de Wasigny. (*signé*: Vautrin, curé).

corée, entre autres Bréard et Briard. Il n'en existe plus aujourd'hui.

Voici une rapide nomenclature des prix payés à cette époque pour les denrées les plus communes. Les prix que nous donnons sont surtout les prix de détail.

1793. an 2. — Le sucre était à 44 sous la livre et à 11 sous le quarteron. Le citoyen Créquy, des Fondys, le paie même 56 sous la livre. Une bouteille d'eau-de-vie 24 sous — 28 sous en 1794. Un flacon d'eau-de-vie 15 sous — 3 demi-quarts 9 sous et aussi 28 sous et 44 sous la bonteille. Une bouteille de vin vieux 12 sous. Une de nouveau, 8 sous. Mais il y en avait à tout prix, 4, 8, 12, 15 et 24 sous et du vin vieux en bouteille 36, 40 et 50 sous l'une. 2 bouteilles de vin à la fête sont payées 1 fr. 20 par le citoyen Nicolas Magin. Une pinte d'un peu plus d'un litre est payée 45 sous la veille du jour de l'an par le citoyen Lajoie, de Wagnon.

36 sous le pot de vin. 9 sous le pot de cidre.

Une bouteille de cidre 5 sous, plus tard 4 sous.

Un dîner pour deux, 16, 18, 22 et 30 sous (pain, vin et viande). Barthélemy Colle, charpentier, entrepreneur de Signy, qui démolit l'Abbaye (ou l'un des siens) paie 20 sous chacun le dîner de ses domestiques en 1809.

Une paire de poulets, 18 et 20 sous. Un voyage à Marlemont « pour aller chercher des effets avec un chariot », à la vente des terres de M. Malveaux, est payé 12 livres par Doudoux Magin.

Le citoyen Remi, marchand de chevaux à la Cense du « Bois d'Aviaux », le jour d'adjudication des chevaux de la réquisition pour l'armée, fait une dépense de 5 bouteilles 1/2 à 8 sous, en 1793. A la même date, le citoyen Bailly, de Signy, dépense 3 bouteilles 1/2 de vin, du pain, du fromage pour 36 sous, « quand on a amené le bled d'Ecly ».

1793 an 2. — Le quartel (20 litres) de cendres noires ou terre noire pour engrais se payait 12 sous. En 1794, 13 sous. Le bled est payé 47 sous le quartel par le citoyen Tréhay, du Faux-Rigault, auquel on a donné « 20 sous en plus pour payer des remèdes ».

Le septier de bled 8 livres 12 sous. Deux fromages 10 et 11 sous. 2 couteaux 30 sous. Un balai (de boule) 1 sou.

Pour le citoyen Pasté Picard, à Draize, plusieurs demi-bouteilles de vin vieux à 6 sous et une demi-livre, et une once de sucre à 36 sous.

L'avoine est à 28 sous le quartel, une mesure pour le cheval (picotin) 4 sous, mais le foin est à 10 sous la botte.

Le citoyen Hurban, à Château, quand *La Bonté* a été à Bégny, fait une dépense avec Claude Ponsart et autres et absorbent pour 42 sous de vin.

Le citoyen Claude Courbe, tailleur à Wasigny, préfère le vin de Champagne et fait une dépense de 2 bouteilles à 19 sous.

Banbo-Hachon de la « Cense du Bois d'Aviaux » se contente de 2 bouteilles de vin à 10 sous.

Un baril d'eau-de-vie contenant 8 bouteilles est livré au citoyen La Fleur, de Montmeillant pour 11 livres 4 sous.

Le citoyen Tiellet, de Lalobbe, qui paraît avoir oublié de payer, même en assignats, prend en 8 mois, de 1793 à 1794, pour 56 livres 35 sous, une provision de vin vieux :

Brumaire, Frimaire et Nivôse, 8 bouteilles de vin pour 10 livres.

Pluviose et ventôse, 7 bouteilles de vin pour 9 livres 15 sous.

Floréal et prairial, 9 bouteilles à 40 et 50 sous pour 20 livres 10 sous.

Messidor, 7 bouteilles à 50 sous pour 17 livres 10 sous.

Son compte est vierge de ratures, à la différence des autres qui sont notés, arrêtés et payés.

De 1794 à 1800. — Le beurre se vend pendant ces années 9, 10, 11, 12 et 13 sous la livre et même 16 sous en 1809, au moment de la fête, pour les galettes, et 12 œufs pour 6 sous et même pour 5 sous. Le beurre salé 13 sous. Un pain de 14 livres 28 sous. Un pain de 12 livres 24 sous.

Charbonneau, hôtelier, paie 6 livres 16 sous d'imposition en 1793, en l'an 10 (1801) 4 livres 6 sous et en 1809, 8 livres 15 sous.

En 1794, les prix augmentent.

Pain de 12 livres 27 sous, puis 36 sous, les œufs 8 sous la douzaine. Une bouteille de bière 4 sous et le pot 9 sous. Une demi bouteille de vin blanc 10 sous. Mais il y a « aussi du bon à 36 et 40 sous ».

Tristan Bailly, charron à Wasigny, en frimaire an 9 (1800) achète le blé 4 livres 6 sous le quartel, 17 livres 4 sous le septier (4 quartels par septier environ 80 litres) et reçoit 10 livres de Charbonneaux pour faire sa fête à Wasigny.

Nicolas Magin, bourrelier, achète aussi le blé 4 livres et 14 sous le quartel ; il achète aussi 5 poinçons de pommes (le prix n'est pas indiqué, mais redoit une peau de veau.

Le seigle à Rethel est à 46 sous. Un demi-quartel d'avoine au marché, 15 sous. 90 bouteilles de cidre sont vendues 18 livres, soit 4 sous la bouteille, pour les moissons, à Henry Constant.

1800 (an 9). — Le bois de soques (souches) est payé 3 livres et 5 sous la corde. Le blé se maintient à 4 livres 10 sous et 4 livres 16 sous le quartel. Le beurre est donné à 9 sous la livre et la douzaine d'œufs à 5 sous.

1801 (an 10). — Le pain est à 4 sous la livre « donné au citoyen Gerbault pour le fauchage de la terre à mars une bouteille de cidre et 42 sous et plusieurs fois 15 livres de pain pour 3 francs.

Même compte pour le « Pré des Dixmes » racheté par Henry Constant. La journée du faucheur est payée 25 sous.

Presque partout à cette époque, et même après, pendant de longues années, le pain était fabriqué par les particuliers. Chaque maison ou groupe de maisons avait son four, et dans le fournil étaient rangés les ustensiles et le pétrin (la maie) des familles.

1801. — 1er juillet (vieux style) Jarlot père et fis, laboureurs, aiment la compagnie. Nous voyons à leur compte.

Le fils redoit 12 sous, dépense le même jour 20 sous, Dépenses avec Coilly, de Novion, et Hugues et Landragin 1 fl. vin 15 sous.

Un flacon de vin avec Jourion et deux Cahart et autres 15 sous.

Dépenses. Le fils avec Bouxin 7 sous.

Deux flacons de cidre, le père Jarlot avec le petit François, 12 sous.

Dépense, le fils avec Camus, vin. 9 sous.

Une bouteille de vin avec La Rüe de Mauroy et Champagne

Une bouteille de vin et de cidre avec le père Baudet d'Armoncourt (Remaucourt).

Dépense le jour de la foire avec Claude Courbe et le citoyen Antoine Lefis, un flacon de vin et leur goûter, 26 sous, et avec Marandelle, de Rogiville et Michel Constant, 40 sous.

Et Leclerc, rebouteur, a aussi trinqué avec les amis :

3 flacons de cidre avec M. Fontaine et autres, 1 bouteille de vin avec Antoine le Parisien. Plusieurs bouteilles avec M. Moraine, marchand de chevaux.

Et en l'an 5, Nicolas Grégoire, à la fête de Wasigny, en vendémiaire, fait pour 30 sous de dépenses.

1801. an 10. — Le 7 frimaire, an 10, le citoyen Nicolas Magin achète 6 harengs pour 7 sous, mais les arrose avec 2 bouteilles de Champagne à 15 sous et achète 4 flacons de vin à 12 sous, le jour du marché aux grains sous la halle.

Le demi quartel d'avoine est compté 12 sous, puis 16 sous et ensuite une livre.

Hachon-Landragin achète 14 livres de vieux oing (saindoux) à 12 sous la livre.

L'on préparait à Wasigny l'huile de noix et celle de faîne. Il y avait à Wasigny un tordeur d'huile, Ponsart.

Le citoyen Branchu, marchand chapelier, a retindu (reteint), en Messidor, un chapeau à *La Bonté*, pour la somme de 25 sous.

Roger Piot, teinturier, a reteindu aussi la toile pour faire un sarot à *La Bonté*.

Le 13 Nivôse, le blé est payé 7 livres, 10 sous le quartel (7 fr. 50) par Charbonneaux Cambray (37 fr. 50) les 100 litres.

La livre de beurre varie de 10 à 16 sous.

Le citoyen La Ramée, gendarme à Signy, avec son collègue Garez, font le jour du marché un dîner carabiné à 2 livres 5 sous par tête, avec trois bouteilles de vin à 15 sous, un chapon et du pain pour deux. Total 4 livres 10 sous.

1802 (an 11). — Le citoyen Constant dit le Prince, à Wasigny, ne boit que du cidre ; 51 bouteilles et demi à 4 sous la bouteille, le tout enlevé en 30 fois.

Le citoyen Longuet, maître d'école à Mesmont, ne prend que du vin de champagne à 15 sous, et du vin blanc à 20 sous pour sa mère qui est malade. Reçu 20 francs de Mademoiselle Longuet, ventôse, an 10.

1802 (an 11). — En septembre, reçu 7 francs pour 2 chemises qu'on a vendu au père *La Corbeille*, avec 5 francs pour de la toile qu'on a eu, et un jupon rouge à 4 francs.

Le gros Martin, couvreur, prend pour 4 livres 7 sous de vin et eau-de-vie en plusieurs fois, et paie quand il est venu « baucher » le pignon de l'écurie.

1802 (an 11). — Un dîner à 9 personnes après la foire de Wasigny, avec 5 bouteilles de vin à 24 sous après dîner. Total 16 francs.

2 bouteilles de vin vieux et deux pigeonneaux 4 livres 12 sous ;

5 bouteilles de cidre dans la bouteille de grès, du pain, du fromage à Montiste Rogelet, de la Neuville, quand il a rebattu les rouës avec le cousin Leroy, maréchal, 28 sous. Le même Montiste, à La Neuville, paie deux bouteilles de vin pour 28 sous avec le marchand de lotterie.

Pour Amand Clément, Devin, St-Louis, tous trois à la gîte pour aller à Rocquigny, chacun une demi bouteille de vin, du pain, de la viande, 30 sous. St-Louis a payé une bouteille de vin du jeu de perte.

Un cheval est vendu 348 francs à Billard, de Signy-Librecy, par le cousin Jean Chautraine, meunier à Signy. A compte donné de 4 louis d'or et demi ou 108 francs. Pour compléter le marché, l'on boit une demi bouteille de vin à 4 sous.

Le citoyen Blocquaux Maireaux, à Mesmont, se faisait préparer une mixture, habituellement composée de moitié vin, moitié eau-de-vie pour 20 sous.

Le sieur Brioux, meunier à Wasigny, préférait un mélange d'une demi bouteille de ratafia et une bouteille d'eau-de-vie pour 42 sous, le premier janvier pour souhaiter la bonne année.

Le citoyen Noël, malade chez le citoyen Joseph Cugnard, de Rogiville, traite sa maladie par le vin vieux et en prend 6 bouteilles à 12 sous dans le courant de messidor.

1802 (an 11). — Le 3 thermidor il est fait mention pour la première fois de pommes de terre. *La Bonté* en achète 24 quartels pour 24 livres.

Méteil, 42 sous le quartel.

Poulets, 25 sous la paire.

Le cidre est à 6 sous la bouteille pour Jean-Baptiste Robin à Wasigny et François Jupin.

Un quartel de son, 15 sous.

Une journée de lessive, 10 sous.

Et pour faire un lit de plumes, 12 livres.

1802 (an 11). — On recommençait à fêter la Saint-Eloi. Jurion, maréchal, y dépense 2 livres 10 sous, ainsi que le citoyen Limon avec son fils (3 frimaire).

Les Magin en deux fois, 7 livres 11 sous.

Landragin Pioche, 50 sols et achetait 3 bouteilles de vin à 20 sols, la veille de la foire.

Le citoyen cousin Thomas Leroy, aussi 40 sous et Piot le père, 25 sous. Louis Lenfant, va jusque 3 livres.

Remy, marchand de chevaux à la « Cense du Bois d'Aviaux », Loret de la « Cense La Rivière » à Signy, marchand de moutons, Clément, marchand de chevaux, paraissent aussi de temps en temps, ainsi que le cousin, marchand de chevaux à Noviou, et Moraine, aussi marchand de chevaux.

L'avoine à 34 sous le cartel, le foin 7 sous la botte, ainsi vendus à Hachon dit Banbo, marchand de vaches, à « la Cense du Bois d'Aviaux ».

Nous voyons plusieurs mentions le concernant pour dépenses de clients quand ils ont vendu leur vache à Banbo. Son fils ou son parent hérita de son surnom, Lamy Banbo, et habitait encore la cense après la guerre de 1870.

La qualification de citoyen cesse vers le 6 frimaire an 11. Les clients du *Registre* portent de nouveau le titre de Monsieur.

1803 (an 12). — Piot Grulet, l'an 12, renouvelle sa provision de ratafia pour la fête, à 30 sous la bouteille.

1804. an 13. — Le cousin Charbonneaux Cambray fait plusieurs charrois le 15 prairial.

4 voitures de fumier avec la charette :

Une voiture de copeaux du bois d'Angeniville.

Une voiture de fouées et une charretée du bois des Huillieux.

60 fouées du bois Pauffin.

Les prix ne sont pas indiqués.

1804. en 13. — Charbonneaux donne 16 francs « au ferrallier » pour les portes de Baudrillard, menuisier. Dépense par Piot le père, à la foire de Wasigny avec Billard, le père Taton, Jacques Choisy, Hachon de La Neuville, Choisy père, 5 bouteilles de vin vieux et du (fiéras) pour 28 sous — total 4 livres 8 sous.

Dans le mémoire pour Lebrun, le jour de la vente de ses terres, figurent 6 bouteilles de vin à 12 sous.

M. Quentin-Legros, à Novion, dépense 3 livres avec M. Deloge quand on a vendu le moulin de la Tranchée, et avec les meuniers et Martin, le vitrier 44 sous.

1804. an 13. — Au compte de M. Narcy, vérificateur des domaines, du 10 floréal, an 11 prairial, restant chez nous à Wasigny, arrivé le 10 floréal, a soupé avec M. le curé de Champigneulles et M. Collignon.

Le café paraît pour la première fois. M. Narcy en prend tous les matins avec du lait. En un mois il en prit « en outre » 3 livres pour 12 francs et 11 sous et 2 k. ; 375 grammes de sucre pour 11 francs.

La livre de café dépassait 4 francs, et la livre de sucre coûtait 48 sous.

1805. 21 Décembre. — Madame Maréchal « harboriste », à Wasigny, redoit sur son compte 18 sous.

1806. — La caque de cidre (environ 100 litres) coûtait 11 francs. M. Watellier père se fait livrer, dans son année, 110 bouteilles de vin à 12 sous et 2 bouteilles de vin rosé à 40 sous.

M. Watellier, meunier, une 1/2 caque de cidre pour 4 livres 10 sous et 62 bouteilles de vin à 15 sous.

1807. — Deux tonneaux à Courteville pour sept francs.

Deux tonneaux et un caque pour 10 francs à Pierre Asson.

Pierre Frougneux, un tonneau pour 4 livres 10 sous ; à Ponsart, un tonneau pour 6 francs, prix convenu.

1807. — Le 15 décembre, il y avait 615 quartels d'avoine de battus pour les chevaux chez M. Charbonneaux la Bonté ; le foin 8 sous la botte, le blé 3 fr. 5 sous le quartel, puis ensuite 58 sous.

Mémoire pour Jean Millet, écolier, pensionnaire chez nous. J'ai payé pour 4 livres 10 sous de toille pour des chemises, j'ai donné

15 sous pour M. le curé, grammaire françoise, citolégie. Il a commencé le 1er Mars à aller à l'ecole.

Payé à M. Vaucher, maître, mois de mars 20 sols à........... mois d'avril 20 sols, Pour 4 francs de toille pour des chemises donné 35 sols pour la façon.

1807. — Mémoire pour M. Beaupré, commis de M. La Charlière, commis dans les Fermes-Réunies. Arrivé à *La Noël* 1806.

Pour le logement et pour la soupe 16 francs par mois, payé par M. La Charlière.

Dépenses d'hôtel :

Un morceau de pain et un morceau de bouilli, 7 sous.
Le pain (3 sous la livre) et du lait, 4 sous.
Une tasse de café au lait, 10 sous.
Des œufs fricassés et un morceau de pain, 7 sous.
Un petit morceau de veau, 7 sous.
6 œufs et une bouteille de cidre, 7 sous.
Perdu aux cartes au mardy gras, 12 sous.
Plusieurs gouttes d'eau-de-vie pour 12 sous.
Déjeuner, M. La Charlière, M Beaupré une bouteille de cidre, une bouteille de vin blanc, un morceau de veau, des fruits, 40 sous.
L'après-midi une hamelette (omelette), du cidre, des harengs, 20 sous.
M. Beaupré a soupé avec nous, 8 sous.
Une salade au soir, 4 sous.
Dépense pour quand M. Lemoine est venu pour les chevaux et pour diner à 5, le café après, 12 livres.
Et avec M. Husson, de Rethel, le café après, 50 sous.
Une hamelette (omelette), une livre de pain, une bouteille de vin, 20 sous.
Nourriture du cheval, la journée entière, 20 sous.
Dépense aux cartes, une bouteille et demi, 18 sous.
M. Beaupré a diné et soupé avec nous, 16 sous.
Du bois pour sa chambre pour 6 francs.
Au soir, avec M. Husson, 2 soupers et le café le tout pour 4 livres.
Donné au porteur d'ordres, 6 sous.
Du lait et du pain 2 fois, 4 sous.
Un « rix » de veau. 1 bouteille, de cidre, du pain, 13.
Du lait, un petit morceau de bouilli, du cidre, 7 sous.
La soupe, du bouilli, pain, cidre pour deux, 20 sous.
Du « phlipe » au soir pour 16 sous.
Cinq chandelles (17 et 18 sous la livre), 15 sous.
Un petit morceau de bouilli, du vin, du café, eau-de-vie, 30 sous.
Une 1/2 bouteille de vin, des grenouilles, 10 sous.

1807. 11 avril. — M. Beaupré est venu malade.
Le 12, du bouillon de veau, 9 sous.
Le 13, du bouillon de bœuf, 12 sous.

Marguerite Gas est venue garder M. Beaupré, le 13 à midi. Elle vit avec nous depuis le 15. La journée entière, 20 sous.
2 livres 1/2 de pain et des œufs pour la garde, 10 sous.
Un demi septier de vin pour M. Beaupré pour mettre sur le « point » (pleurésie), 4 sous.

De l'eau-de-vie et des œufs pour la garde, 16 sous.
Et deux bouteilles de vin, en plusieurs fois, 24 sous.

Le 19, M. Beaupré est décédé dans la nuit.

Le 20. Pour la garde, nourriture, bois et chandelle depuis le 13, 14 livres.

M. Boreux remplace M. Beaupré et commence le 1er mai 1807.

1808. — Petit-fils de Maranwez, dit Bâtard, fait une dépense de 3 livres avec le marchand de sel et avec Graisse, le chaudronnier de Wasigny.
Les petites fèves sont à 48 sous le quartel
3 quartels de rond-grains mêlé, 12 sous.
Une pièce de cidre de queue pour 27 sous.
1809. — 14 litres de trèfle à 9 sous la livre.
La terre noire, 12 sous le quartel.
Deux jambons livrés à la cuisine Frougneux, 17 francs.
Une bouteille de vinaigre, 5 sous.
Acheté à Landouzy Grulet tant pour la laine que pour 2 pièces de cidre, 120 francs.
Le blé 3 livres, 8 sous le quartel.
La chandelle 14 sous la livre.
Une voiture de « nentilles » amenée par Landouzy, 6 francs 12 sous.
L'orge est de 26 sous le quartel.
De la luzerne à M. Grandvarlet de Château, pour 11 livres 4 sous.
Pour M. Petit, à Wasigny, le 4 juin 1909, livré bouteilles de vin à 15 sous, pour sa femme Babette Poinfier.

1809, 1811, 1812. — Le citoyen Corvisy, chirurgien, officier de santé, ancien révolutionnaire (mort le 18 juin 1832), ne buvait que du bon vin et du vieux. Il en boit 32 bouteilles de juin 1809 à octobre, pour 31 livres 2 sous et reçoit 40 sous, le 11 juin 1809 pour la médecine du petit Labbé chez Charbonneaux. Le juin 1811 au 24 avril 1812, on lui fournit 4 poinçons de vin vieux à 4 livres 4 sous le poinçon, 3 bouteilles de vin blanc vieux à 40 sous la bouteille et 7 bouteilles d'eau-de-vie à 28 sous (1).

(1) Au sujet de Corvisy, chirurgien. il circulait à Wasigny des bruits étranges, fantastiques et sans doute amplifiés, où l'imagination avait plus de part que la vérité. Quoi qu'il en soit, la tradition verbale lui attribuait une destinée bizarre et macabre. Sophie Leclerc, entre autres, à laquelle il avait, à l'âge de 7 ans, fait traîner au bout d'une corde, les statues en bois de l'église, disait que, tombé dans un sommeil léthargique, il avait été enterré vivant, et que, un peu plus tard, lorsqu'on l'avait déterré, son corps était à peu près intact, mais les deux bras rongés jusqu'au coude (*Renseignements fournis par M. Georges Petit*).

LISTE DES SOUSCRIPTEURS

Archives départementales des Ardennes, Mézières.
Bibliothèque municipale, Reims.
Bibliothèque scolaire d'Herbigny (sousc. par M. Millart).
Mmes Vve Achart, Wasigny.
Vve Arnoult, id.
MM. Barillon, retraité, Wasigny.
Barthélemy, élève en pharmacie, Vincennes.
Baudet-Valtier, tonnelier, Wasigny.
Baudrillard (Paul,) menuisier, id.
Bausseron, maire de Sorbon.
Mme Vve Bernier, Wasigny.
MM. Billaudelle (A.), agent d'assurances, Wasigny.
Billaudelle (Raoul), clerc de notaire, id.
Blanchard (Alfred), peintre, id.
Bochard, pharmacien, Signy-l'Abbaye.
Boley, docteur en médecine, Signy-l'Abbaye.
Bosquet (P.), notaire, Wasigny.
Mme Vve Bosquet-Jeunehomme, id.
MM. Branchu (Ch.), cultivateur, id.
Cadot-Marchand, employé de l'Est, Wasigny.
Camby, coiffeur, id.
Canart (J.-B.-Emile), maire, id.
Champagne (V.), docteur en médecine, id.
Champenois-Bernisseaux, ferblantier, id.
Charbonneaux (Charles), 5, Boulevard Desaubeau, Reims (5 exemplaires).
Charbonneaux (Georges), 44, Boulevard Lundy, Reims (2 exemplaires).
Charbonneaux (Emile), rue Libergier, Reims.
Charbonneaux-Coutin, cultivateur, à Chappes.
Charbonneaux, meunier, Justine.
Charlier-Gorge, camionneur, Wasigny.
Chatelin, docteur en médecine, Boulevard Gambetta, Charleville.
Chenonier-Canneaux (Albert), marchand de bois, Wasigny.
Choisy (Auguste), conseiller municipal, id.
Choisy (Pol), cultivateur, id.
Colin (Albert), propriétaire, id.
Colle (Alph.), statuaire, avenue de la Grande-Armée, 53, Paris.
Constant (Charles), *Comptoirs Français*, Wasigny.
Couaillier (Paul), pharmacien à Magenta-Epernay.
Danton (Germain), quincaillier, Wasigny.
Defrize (Hector), maréchal, id.

MM. Demaret (J.), avenue Saint-Amand, Valenciennes (Nord).
Deparpe (Emile), cultivateur, Wasigny.
Didion (Victor), repr. de commerce, id.
Dourlet (E.), clerc de notaire, id.
Douzamy (Auguste), id.
Douzamy (Casimir), id.
Doyen, lt-colonel en retraite, rue du Longeard, 11, Montargis (Loiret).
Dozière-Gobert, Moulin de la Tranchée, à Justine.
Dupont-Hennequin (J.), débitant, Wasigny.
Durand (Jules), tailleur, id.
Flamin (Gaston), Montgeron (Seine-et-Oise).
Gailly de Taurines (Ch.), Château d'Hardoncelles, par Lonny (Ardennes).
Graff, charcutier, Wasigny.
Grulet-Branchu, id.
Grulet, à Pontoise.
Guillaume, pharmacien, à Monthermé.
Hannet (F.), adjoint au maire, Wasigny.
Harmel, frères, Val des Bois, Warmériville (Marne).
Hecht-Dolfus, Château de Fresnois, par Sedan.
Hirtzler, retraité, Wasigny.
Hotton, charron, id.
Mme Vve Lallement, id.
MM. Lamorlette (Emile), principal clerc de notaire, Wasigny.
Landragin (Paul), négociant, id.
Lantenois, La Neuville-les-Wasigny.
Laurent (Edouard), retraité, Wasigny.
Mme Vve Lebas-Durand, id.
MM. Lebrun-Pioche, charpentier, id.
Lebrun-Grulet, cultivateur, id.
Leluc-Constant, meunier, id.
Linsart (Lucien), 7, rue Franklin, à Paris, (2 exemplaires).
Linsart (Gustave), Wasigny.
Locquet-Picart, retraité, Wasigny.
MM. Macra (D.) négociant, Herbigny.
Manceau-Génin, cultivateur, Bégny.
Manceaux-Charlier, propriétaire, Wasigny.
Manceaux-Constant, conseiller municipal, Wasigny.
Manceaux-Mény, cultivateur, à La Neuville-les-Wasigny.
Marlois (Th.) propriétaire, Wasigny.
Mlle Martin (Marie) id.
MM. de Meaux, 39, rue St-Dominique, Paris.
Mény (Em.), cultivateur, Wasigny.
Mény (Adrien), cultivateur, conseiller municipal, Wasigny.
Mény (Abel), cultivateur, Justine.
Millart (Ed.), percepteur en retraite (3 exemplaires).
Monjot (Léon), Signy-l'Abbaye.
Muller (Léon), représentant de commerce, Wasigny.

M. Noël (Léon), gendarme, Suippes (Marne).
Mlle Ozanne (Aimée), professeur de piano, Attigny.
MM. Paillas (Georges), pharmacien, délégué du T. C. F., Wasigny.
Paillas (F.), lieutenant au 1er tirailleur algérien, à Cherchell.
Mme Vve Parquin-Millart, Wasigny.
MM. Pasté (E.), cultivateur, id.
Patoureaux, contrôleur principal des Contributions, Lille.
Petit (Georges), propriétaire, Wasigny.
Petit (Jules), négociant, Hirson.
Petit (Edouard), fils, à Hirson.
Petitfils-Lelièvre, propriétaire, Wasigny.
Petitfils (Edmond), avocat à Charleville.
Philippoteaux (A.), avocat, Sedan.
Picard (Armand), publiciste, Wasigny.
Piot (Julien), cultivateur, id.
Ponsart (Ed.), boucher, id.
Mme Vve Remiet, Wasigny.
MM. Régnier, id.
Marquis Henri de Romance-Mesmon, à Amiens.
l'Abbé Schoyers, curé de Wasigny.
Simon (Maurice), dessinateur à Aniche (Nord).
Sorlet, rentier, Wasigny.
Taton (Henri), au château de Wasigny.
Tellier (André), école des arts et métiers, Châlons-sur-Marne.
Ternaux-Compans, château de Mesmont.
Torchet (E.), boulanger, Wasigny.
Toulouze-Piot (F.), serrurier-maréchal, Wasigny.
Tranchart (Théodore), maire de La Neuville-les-Wasigny.
Triplot (Henri), négociant, Wasigny.
Valtier (H.), brasseur, conseiller municipal, Wasigny.
Varlet-Longin, conseiller municipal, id.
Varlet-Baudouin, Bégny.

ARMOIRIES DE WASIGNY

Ce sont les armes de la Famille DE VILLELONGUE, Seigneurs de WASIGNY.

Elles ornent la Salle des Délibérations du Conseil général des Ardennes.

www.ingramcontent.com/pod-product-compliance
Ingram Content Group UK Ltd.
Pitfield, Milton Keynes, MK11 3LW, UK
UKHW012251240726
13966UKWH00004B/1385